謎解き!?

徳川家康の墓所

桜井 明

口絵1　久能山東照宮神廟（国指定重要文化財）

口絵2　平成14（2002）年11月17日付 静岡新聞 朝刊

石は語る

自然　**歴史**　生活

遺体の行方めぐる謎

家康廟（静岡市）

元和二年四月十九日夜半、埋葬された。宝塔の下に家康は眠る、と落合偉洲宮司は信じる＝静岡市根古屋の久能山東照宮

「家康に惹《ひ》かれるのは悪女に惚《ほ》れるのに似ている」。作家隆慶一郎氏は家康の魅力をこんなふうに評した。明治三十五年（一九〇二年）、元静岡県官吏の村岡素一郎氏が「史疑徳川家康事蹟」で発表した父が下野の加持祈祷の流浪者、生母はササラ者の娘だったという家康出生の謎を下敷きに、隆氏は新たな家康の物語「影武者徳川家康」を二年以上にわたって本紙に連載、昭和の掉尾《とうび》を飾る傑作小説と絶賛された。

家康の謎は出生だけでなく、亡くなった直後も続いている。家康は元和二年（一六一六年）正月二十一日、田中（現在の藤枝市）に鷹狩りに出掛けた。この出先で突然、発病。三カ月後の四月十七日駿府城で亡くなる。七十五歳だった。四月二日、家康は病床で重大な遺言を残す。「遺体は久能へ納め、葬礼は増上寺、位牌は三河の大樹寺、一周忌を過ぎて日光山に小さき堂を立て、勧請せよ」

十七日午前十時ごろに亡くなった家康の遺体は遺言通り、死の当夜のうちに久能へ移された。それも降りしきる雨をついてである。久能山への移送と葬礼がごく内輪で行われたのに対して、翌元和三年の一周忌を前に神柩の日光山への遷座は、千三百人の大行列を従えた金輿で、ゆっくりと道中したのだ、という。

とすると久能山の家康廟には何もない、ことになる。

「廟に向かえば、直感的にわかる。遺言通り遺体は久能山にある。一年後に土中にあった遺体を掘り出して、改葬するということが果たして可能だったのか。巨大な宝塔付きの廟が出来たのは、寛永十七年で死後二十四年もたってから。何もない場所にこれだけ立派な廟をつくる必要はなかった」と落合偉洲宮司は疑問を呈する。

廟の外柵。下の台石と中の小柱、それに上の笠の部分が同じ一つの石をくりぬいて作った職人技を見せている

宝塔は神奈川県真鶴町で産出される本小松石を使用、くりぬいた笠の一枚の石だけでも二十トンを超える。大量の石材が神奈川県から運ばれ、急峻な山を登った。日光山にも家康廟はあるが、宝塔は鋳物造りで久能山の三分の二ほどの大きさ。

歴史書は家康の遺体は久能山から日光山へ遷座されたと記す。落合宮司が廟の扉まで案内してくれた。家康をしのぶような激しい雨が降りしきる。「いずれ、この扉を開け、真実を明らかにせよ」。暗い森の中で、そんな声を確かに聞いた。（文・小林一哉、写真・望月貴広）

口絵3　平成31（2019）年4月18日付 静岡新聞 朝刊

太平願い 家康公しのぶ

駿河区 久能山東照宮で御例祭

家康公の神廟前で拝礼する徳川家広さん（左から3人目）ら参列者＝静岡市駿河区の久能山東照宮

江戸幕府を開いた徳川家康公をまつる静岡市駿河区の久能山東照宮で、家康公の命日に当たる17日、御例祭が営まれた。徳川宗家18代当主徳川恒孝さんをはじめ、長男家広さんら約200人が参列し、天下太平を祈願した。

木遣（やり）保存会や久能山東照宮神輿（みこし）会会員の先導で、衣冠を身に着けた家広さんや落合偉洲宮司らが本殿に向かった。本殿では落合宮司が祝詞を奏上し、参列者が玉串を奉納。赤飯や海の幸など約50品目が盛られた「三品立神饌（さんぼんだてしんせん）」を供えた。

この後、一行は家康公の神廟（しんびょう）前で拝礼も行った。

（写真部・宮崎隆男）

謎解き⁉　徳川家康の墓所

桜井　明

装丁　塚田雄太
装画　渡辺重明

『謎解き⁉　徳川家康の墓所』に寄せて

久能山東照宮宮司　落合偉洲《おちあいひでくに》

平成十一年（一九九九）、久能山東照宮権宮司として赴任、その三年後に宮司となり、今年で奉職満二十一年を迎える。着任前に一度しか参拝したことが無い神社である故、事前に若干の関係資料は読んではいたが学ぶべきことは多く、未だ手付かずの分野も少なくない。

着任前東京に居て、家康公は駿府城で薨去《こうきょ》後、久能山に廟所が営まれたこと、日光東照宮にも墓所らしき施設があることも知っていた。そして、久能山東照宮に着任、日々廟所に参拝し改めて家康公の遺言や、現在の廟所宝塔創建の背景など調べると、家康公の御遺体は茲《ここ》に埋葬されており、日光に改葬されていないと確信するようになった。

家康公は、元和二年（一六一六）四月十七日、駿府城で亡くなった。遺言通り、久能山に御遺体は運ばれて、葬場仮殿が作られてその中で、十九日、吉田神道により葬儀が執り行われた。家康公の御霊は御鏡に遷霊されて仮殿内陣に納められた。久能山東照宮の濫《らん》觴《しょう》はここに求められる。御遺体は現在の神廟の下に西向きに埋葬された。その上に元和三年に木造檜皮葺の建物が建てられたという。その後、寛永十七年（一六四〇）に現在の石造宝塔による神廟に改造されたのでる。

宮司になって間もない平成十四年（二〇〇二）十一月、静岡新聞記者（当時）の小林一哉氏から、石造の神廟についての取材申し込みがあり、雨の降る中対応、十七日に記事が掲載されて、読者から若干の反応があった。かなり多くの市民の目に止まり、家康公のお墓について関心を持っていただく良いきっかけになったようである。

その一人が、本書の著者桜井明さんということになる。この記事が気になり、仕事の定年を機に、図書館に通い関連資料を読み、記録を取って勉強されたという。平成三十年（二〇一八）四月に初めて久能山東照宮でお会いして、記録された資料を拝見して、驚いた。かなり大部の資料をもとに論考も付されているコピー資料を預かり、下旬に読み終えて読後感想を添えて返事をした。

すると、桜井さんは、その研究成果をA四判七十五ページにまとめて『家康公と久能山東照宮神廟の謎』と題して冊子を作成して、久能山東照宮に持参されて、奉納された。

私は、もう少し加筆訂正等をして、単行本として刊行されることをお勧めした。その理由の第一は、多くの資料に接して、堅実に論理を積み上げられている労作だからである。

久能山東照宮宮司である私にとって、当然のことながら徳川家康公の御遺体が何処にあるのか聞かれたら包み隠さず、事実を述べる責務があると思っている。

廟所に参拝していると、参拝者から家康公のお墓はここですかと聞かれることがある。「はい、そうです」と答える。家康公の御遺体は一旦久能山に埋葬されて、一年後に日光に改葬されたということを書いた物は、『日光山紀行』他枚挙にいとまなしといえるだろう。

それらの全てに目を通して、事実関係を検証したわけではないけれど、もし、御遺体が日光に移されたというならば、久能山に家康公の遺言通りに建てられている廟所宝塔は、何かということになる。日光改葬説で、これに答えた物に未だ出合っていない。

久能山に現存する家康公の廟所宝塔こそが、動かし難い家康公の墓所である証拠である。これを無視して展開される家康公御遺体日光改葬説は、砂上の楼閣に等しい。根拠も証拠もない記録や話は、不都合な事実から離れた特定の目的を持って作られている。それらは、必ず矛盾点を孕《はら》んでおり、隠蔽《いんぺい》された事実がある。

桜井明さんの家康公の墓所は、何処なのかという、「真実解明」への足跡が、多くの読者の目に留まり、関心を持っていただくことになれば幸いである。

本書執筆に寄せられた、努力と真摯な態度に敬意を表して、筆を擱《お》くことにする。

令和二年二月三日

目次

序章　大御所家康は「久能城は駿府城の本丸と思う」と言い残した⁉

駿府城はいま全国のお城ファンから熱い視線が注がれています。静岡市街のど真ん中に駿府城公園がありますが、その城址から戦国史を塗り替える「世紀の大発見」があったからです。静岡市は平成二十八年度から四年間かけて大御所徳川家康が築いた慶長期の天守台発掘調査を行いました。その調査のなかで突如、豊臣秀吉と徳川家康の二人が関与したと考えられる日本最古となる天正期の連結型天守台が大量の金箔瓦と共に顔を出したのです。

幻の城ともいえるお城が家康の天守台から出現するとは、城郭研究者も想像していませんでした。しかも秀吉の居城大坂城に匹敵する当時日本最大級の天守台であることが判明、「東の大坂城」ともいえる大天守が駿府の地で燦燦《さんさん》と輝いていた驚愕の発見になっています。この発見により、駿府城は天下人秀吉と家康の二人が深く関わったお城として、また天正期と慶長期の天守台が同時に見られる日本で唯一のお城として注目を浴びています。

慶長十二年（一六〇七）、家康は徳川幕府の全権力を掌握したまま駿府に戻ってきます。当時の日本の権力構造は「二重公儀体制」、徳川政権と豊臣政権が並立した状況にあり、豊臣家とは緊張関係にありました。また海外に目を向ければ大航海時代の真っ只中にあり、スペイン、ポルトガルやキリスト教からの脅威など、家康の目の前には解決しなければならない課題は山積していました。家康はこれらの課題を駿府城にあって見事に成し遂げ、二百六十年の平和の礎を築いたのです。大御所家康時代の駿府は実質的に日本の首都の役割を果たしていました。

残念なことにこれまで駿府城の評価はあまり高くありませんでした。家康の隠居城だといわれてきたためだと考えます。のんびりと余生を過ごしたイメージが付きまとうからでしょう。しかも駿府城の天守は寛永十二年（一六三五）に城下の火事により焼失、天守台は明治二十九年（一八九六）に陸軍を誘致するために本丸堀りの石垣と共に破却されたため、高石垣で出来ていた本丸とそれを囲む本丸堀りの姿が完全に地上から消えてしまったことも大きく影響しています。数奇な運命に翻弄され、人々の記憶から忘れ去られてしまったのです。

戦後駿府城址は都市公園として生まれ変わり、多くの市民が集う場となりましたが、かつての天下人大御所家康のお城として再生されることはありませんでした。天守台跡地の本格的な調査は歴史文化のまちづくりを掲げる静岡市長田辺信宏氏の英断により行われました。その結果、百年に一度得られるかどうかの大変貴重な歴史資産を静岡市民は手に入れることができたのです。

ここで大御所家康時代の駿府城天守台と天守を見てみます。天守台の資料は幸いにも残されていました。類を見ない巨大な天守台であり、堀底から二十メートルの高さの石垣が積み上がっていたことが分かっていました。明治二十九年に地上面から上の石垣はすべて本丸堀り側に崩されてしまいましたが、今回の発掘調査により百二十年ぶりに地下に遺された天守台が掘り出されました。これまで日本一の天守台と言われた江戸城をはるかに超える巨大な天守台であったことが、今回の発掘調査から実証されました。一辺の長さはそれぞれ江戸城の一・五倍、石垣の高さは江戸城が地上から十一メートルに対して水面から十九メートル（北面と西面の本丸堀）ありましたから、面積的には江戸城の二倍以上、体積的には北西から見て約四倍に感じられるダントツ一位の天守台なのです。まさに天下人のお城を象徴する天守台でした。

天守は権威と権力をシンボライズするものです。最新の研究によれば、天守台のど真ん中に日本で唯一の六層七階の天守が聳《そび》え立ち、周囲に隅櫓《すみやぐら》と多聞櫓《たもんやぐら》が廻らされた他に例のない特殊な構造「天守丸構造」だったとみられています。銅瓦を葺いた六層目の屋根には黄金の鯱《しゃちほこ》が燦然と輝き、三層目から五層目の屋根には錫と鉛でできた合金の瓦が葺かれ、一階、二階は御殿風を思わせる造りだったと言われています。今回の調査によって城郭研究者から「攻める気すら起こさせない究極の城」と称されるほどの評価が出ています。駿府城は武家政権の正統性を象徴する天下の名城だったといえるのではないでしょうか。

家康と駿府とは深い縁に結ばれていました。幼少期から青年期にかけて今川義元の人質として駿府で過ごし、五カ国の大名になってからは浜松から駿府に居城を移します。さらに十七年ぶりに大御所家康として駿府に舞い戻ります。人生の三分の一、二十五年間は駿府の地に住んでいたことになります。日本の中で駿府以上に縁の深い地は見当たりません。

駿府の地で世界に類を見ない二百六十年の平和の礎を築いた家康でしたが、亡くなる間際に久能に自身の亡骸《なきがら》を埋葬するよう遺言を遺しました。なぜ久能だったのか。生前「久能城は駿府城の本丸と思う」と言い残したと伝えられています。死後も駿府の地に留まり、駿府城の本丸、久能の地で神となって永遠に日本の行く末を見守り続けたい、という強い意志をみて取ることができます。

英雄に謎はつきものです。家康の最大の謎といえば、家康の遺骸はどの地に埋葬されているのかという謎です。家康が亡くなった翌年に日光遷座が行われたことから、多くの方が遺骸も日光に遷されたと信じています。

では、徳川家康は一度も訪れたことのない日光に眠っているのか、それとも最も縁の深い駿府の久能に眠っているのか、謎解きの旅の始まりです。

第一章　徳川家康埋葬地論争

平成十四年（二〇〇二）十一月十七日(日)、徳川家康埋葬地論争は始まった!! その日の静岡新聞朝刊「石は語る　家康廟　遺体の行方めぐる謎」（口絵2）の記事で、久能山東照宮落合偉洲宮司は次のように語っています。

一年後に土中にあった遺体を掘り出して、改葬するということが果たして可能だったのか。巨大な宝塔付きの廟が出来たのは、寛永十七年で死後二十四年もたってから。何もない場所にこれだけ立派な廟をつくる必要はなかった。

一年後の遺骸掘り出しと改葬に疑問があることを論拠(1)に、死後二十四年あとに巨大な宝塔付きの神廟が造り替えられたことを根拠(2)に、「遺言通り遺体は久能山にある」と久能山東照宮宮司の立場で発言したのです。家康は日光に眠っていると思っていた多くの静岡県民・市民はこの記事を見て驚いたはずです。筆者もそのひとりでした。これまで久能山東照宮の歴代宮司の口から家康は久能に眠っているとした発言はありませんでした。落合偉洲氏はその年の三月に宮司に就任しています。新聞取材に答える形で久能側として初めて日光説に異議を唱えたのです。落合宮司の発言をきっかけに、平成二十七年に行われた「家康公没後四百年祭」の前年、静岡在住のライター興津諦氏が久能側の立場で立ち上がりました。静岡商工会議所にキャッチコピー「余《ヨ》ハ此処《ココ》ニ居《ヲ》ル」を提案し、インターネットとフリーペーパーを通して久能説を展開するなど、静岡で論争の機運が盛り上がってきました。

日光側も同じく「家康公没後四百年祭」を前に動き出しました。栃木県の下野新聞は『世界遺産　聖地日光　家康公４００年祭にむけて』の連載を始め、その中で静岡の動きを意識しながら「遺体日光に(3)」と銘打って、「家康と東照大権現はイコール」、「遺体が久能山に残っていては意味がない」と東照宮研究の第一人者上野寛永寺元執事長浦井正明氏のコメントを載せるなど、日光側の発言も活発になっていきました。

日光東照宮と久能山東照宮の見解は明らかに異なっています。日光東照宮は家康の遺骸は日光に埋葬されている、久能山東照宮は久能に埋葬されている、と真っ向からぶつかり合っている状況です。第一章では日光東照宮と久能山東照宮、そして各論者がどのような根拠や論拠に基づき主張を展開しているのかなどを確認していきます。切り口としては「家康の遺言」、「正遷宮と勧請遷宮」、「幕府の方針」、「上申と観念」、「遺言と揉め事」、「神廟と権現造」、「家康公没後四百年祭」、「宮司の発言」の八つの項目に従ってその実態に迫っていきます。

（1）論者の考え、解釈を指します。
（2）主張の裏付けとなる事実を指します。
（3）下野新聞『世界遺産 聖地日光 家康公400年祭にむけて』「第1部 神になった将軍 6遺体日光に」（平成二十六年十月十六日）

一　家康の遺言

両東照宮の見解の相違はどこから生じたのでしょうか。最大の原因は家康の遺言にありました。崇伝の『本光國師日記』に書き遺された家康の遺言に基づいていることは共通しているのですが、なぜかその解釈が異なっているのです。

家康は生前に本多正純、天海並びに崇伝の三人に後事を託して遺言し、崇伝がそれを日記に書き遺しました。それが『本光國師日記』です。この日記は三人が共に聞いた遺言として唯一の一次史料であり、国の重要文化財に指定され、第一級史料と評価されています。同日記から家康の遺言を見てみます。

【『本光國師日記（二十）』金地院崇伝が板倉伊賀守に宛てた四月四日の書状】

一両日以前。本上州。南光坊。拙老御前へ被爲召。被仰置候ハ。臨終候ハヽ御躰をハ久能へ納。御葬禮をハ増上寺ニて申付。御位牌をハ三川之大樹寺ニ立。一周忌も過候て以後。日光山に小キ堂をたて。勧請し候へ。八州之鎮守に可被爲成との御意候。皆々涙をなかし申候。(1)

右によれば、「私が死んだら、遺体は久能に埋葬せよ。葬儀は増上寺で行い、位牌は大樹寺に納め、一周忌が過ぎたら日光に小さなお堂を建てて勧請せよ。八州の鎮守になろう」と、家康は遺言しています。問題箇所は日光に「勧請し候へ」という遺言です。「勧請」

とは神の御霊を分霊して別の場所に遷し祀るという意味です。その言葉をそのまま日光に当てはめれば、家康の御霊を日光に分霊して遷し祀ると解釈できます。では両東照宮は「勧請」をどのように受け止め、解釈しているのでしょうか。

まず久能山東照宮です。落合宮司は平成三十年（二〇一八）三月に一般社団法人全国寺社観光協会の取材を受けています。その中で「家康公の神霊《みたま》を久能山から日光に分霊する形で、日光東照宮が創建された(2)」と、「勧請」の意味に従って日光に分霊して祀られたと解釈しています。

一方の日光東照宮はどうでしょうか。平成二十七年（二〇一五）三月に徳川家康公薨去400年記念として、日光東照宮が監修した『徳川家と日光東照宮』（『別冊宝島2304』）が宝島社から発刊されました。その序章「日光東照宮探求」の中に同東照宮特別顧問高藤晴俊氏監修の「column　日光東照宮建立の理由　徳川家康の遺言《ゆいごん》を読む」と「column　徳川家康の鎮座地として日光の地が選ばれた理由」があり、日光東照宮の解釈が出ています。

まず「column　日光東照宮建立の理由　徳川家康の遺言《ゆいごん》を読む」です。そこでは崇伝の『本光國師日記』を取り上げながら、次のように述べています。

崇伝の日記『本光国師日記《ほんこうこくし》』によれば、「（私の）遺体は駿河国《するがのこく》の久能山《くのうざん》に葬り、江戸の増上寺《ぞうじょうじ》で葬儀を行い、三河国《みかわのくに》の大樹寺《だいじゅじ》に位牌《いはい》を納め、一周忌が過ぎてから、下野《しもつけ》の日光山《にっこうざん》に小さな堂を建てて勧請《かんじょう》せよ（分霊して祀《まつ》れ）」と指示したという。(3)（中略）この遺言は正しく実行された。家康の遺骸はまず久能山に葬られ、翌年には社殿が造営され、遷葬《せんそう》される。(4)

次に「column　徳川家康の鎮座地として日光の地が選ばれた理由」です。「翌年には下《しも》野国《つけのくに》日光に遷葬《せんそう》されることが決まっていた(5)」とした上で、さらに次のように述べています。

4月8日、家康は奥宮の廟塔《びょうとう》に遷葬され、命日の17日に遷座祭が行われた。家康の神霊は無事、東照宮に勧請されたのである。すべて遺言通りであった。(6)

コラムでは「勧請」を分霊して祀るとしながら、「遺言は正しく実行され」、日光に「遷葬」したと解釈しています。では日光東照宮は「遷葬」、つまり改葬も含むとしたのでしょうか。理由があるはずです。その理由は第二章「徳川家と日光東照宮」の「久能山から日光東照宮へ」にありました。次のように出ています。

社殿の完成後、家康の遺骸は久能山から日光へと移される。そして将軍秀忠参列のもと祭礼が行われ、東照宮が正式に鎮座した。家康が日光への改葬を望んだのは、江戸城のほぼ真北にあたる日光に鎮座することで、不動の北極星の位置から幕府の安泰と恒久の平和をもたらせようとする狙いがあったといわれている。(7)

右によれば、江戸城のほぼ真北にあたる日光に鎮座することで、不動の北極星の位置から幕府の安泰と恒久の平和をもたらす「八州之鎮守」になろうという遺言になります。この部分を持って、家康は日光への改葬を望んだとするのは論理的にかなりの無理があります。なぜならば、『本光國師日記』に遺された「勧請」の言葉からはそのように読み取ることができないからです。「遺言は正しく実行された」とはどういうことでしょうか。またなぜそのように言い切れるのでしょうか。

「久能山から日光東照宮へ」の中にその理由が書かれていました。「神号問題」です。次のように出ています。

> 1年後には、家康の遺骸が下野の日光山へ移葬されたが、その間に巻き起こったのが、家康の神号をめぐる天海と崇伝による論争である。2人は家康の神号を「権現《ごんげん》」とするか「明神《みょうじん》」とするかで対立し、（中略）天海は「家康公は山王一実神道《さんのういちじつしんとう》を信奉され、死後は『大権現』号で祀るようにご遺言されていた」と、「明神」号の採用に異を唱える。「明神」を推《お》す崇伝はこれに納得せず、論争へと発展していった。家康の神号をめぐる問題は、結局天海の「明神号で祀られた豊臣家の末路を見れば、明神がよろしくないというのは明らか」という主張が決定打となり、「権現」が採用された。(8)

神となった家康を「明神」号で祀るか、「権現」号で祀るか、崇伝と天海が論争した話を取り上げ、家康は山王一実神道を信奉し、死後は「大権現」号で祀るよう天海に遺言したとなっています。確かに「神号問題」は起こりました。天海が「明神」号採用に異を唱え、最終的に「権現」号が採用されています。崇伝や本多正純が居ないところで天海一人が家康から後事を託され、「神号問題」で天海が勝利したとなれば、日光東照宮の立場からすれば「勧請」の意味は単に御霊だけを指すのではなく、遺骸も含んでいると主張するのも肯《うなず》けます。「遺言は正しく実行された」とはそのことを指しているようです。

では、家康が天海に託した遺言を確認できる史料はあるか否かです。その史料は天海の弟子胤海が書き遺した『東叡山開山慈眼大師縁起』（延宝七年〈一六七九〉成立）にありました。家康が山王一実神道を信奉し、死後は日光山に改葬するよう天海に遺言した件が次のように出ています。

元和二年のむ月の十日あまりより神君わつらはせ給ひしに、病床ちかく海師をめし、法華止観の深義、山王神道の玄旨をいよいよきはめ給ひて、の給ひけるは、我久しく天か下を掌に握り、世を嗣子にゆつり、よはひ七旬にあまれは、何事も心にのこる事なし、殊に山王一實の神道を受、子孫の延久をみそなはむ事、偏に海師の厚恩、報してもなを餘有、傳聞、大織冠は藤氏の宗廟にして、今に其そうさかへ給へり、鎌足摂津國阿威に葬して、一回を過し、多武峰に遷殯せしとなむ、彼例にまかせ、わかなき

からを、まづ久能山にをき、一回して日光山に遷殯すへしと、くはしく海師に仰ける、かくて程なく薨せさせ給ひしに、(9)

次に家康が山王一実神道で祀るよう遺言したこと、天海が明神号で祀られた豊臣家の末路に触れていること、「神号問題」の論争があったこと、そして「権現」が正式に採用されたことが同縁起に次のように出ています。

御ゆい言は山王一實の習合の神道にこそ侍れ、夕部は宗源のきしききのよしきき侍るとありしかは、亡君豊國明神の近きためしを覺して、神にいははれ給はんとの御心なり、しかあれは唯一にいはひ侍らん、なにかは御本意にたかはんといへり、海の給ふは亡君あさ夕の御心には、御そうの久しからん事をねかひ給へり、彼神のそうは、まのあたり亡滅し侍れは、かれをはいませ給へり、しかるにかのあしき例を引事、當家をうけへるにや、汝宗源をも習合をもいかてか知らんと問答數返なりしに、（中略）程なく一回にも成ぬれは、尊體を日光山に移し奉り、東照大権現の神號謚賜りて、山王取《（ママ）》合の神に海師そいはひそめ給へり、(10)

北極星の話以外、日光東照宮は天海の弟子胤海が書き遺した同縁起の遺言に沿って解釈していることが分かります。そこで問題になるのが、同縁起の史料的価値です。『本光國師日記』と同レベルの価値があれば何ら問題はありません。同縁起にある遺言は天海のみが聞いたことになっています。しかも天海が書き遺したものではなく、弟子の胤海が延宝七年（一六七九）に書き遺したものです。『本光國師日記』以外に久能山で家康の神葬祭を取り仕切った梵舜《ぼんしゅん》の『舜旧記』や当時天海と共に行動した慈性が書き遺した『慈性日記』といった第一次史料はありますが、その中に天海のみに託した遺言は全く見つからないのです。『本光國師日記』と比較すれば、史料的価値に難があることは否めません。なお、「不動の北極星の位置から」云々の話は同東照宮特別顧問高藤晴俊氏が下野新聞の『世界遺産　聖地日光　家康公４００年祭にむけて』の中で明らかにしていますが、同氏の「仮説」だと述べています。[11]

両東照宮の置かれた立場が異なるため、遺言解釈に違いが出るのも致し方ないことです。日光東照宮の解釈は当時書かれた『本光國師日記』と後年に書かれた『東叡山開山慈眼大師縁起』の二つの史料に依拠しています。最終的に後年に書かれた『東叡山開山慈眼大師縁起』に沿った解釈となっているため、整合性に難があるように感じます。一方久能山東照宮の解釈は『本光國師日記』だけに依拠しているため、いたってシンプルで分かりやすいものになっていると受け止めました。

（1）『本光國師日記第三』（続群書類従完成会　昭和四十三年）三八二頁
（2）『寺社NOW　vol(18)』（一般社団法人全国寺社観光協会　平成三十年）三頁
（3）（4）別冊宝島『徳川家と日光東照宮』（宝島社　平成二十七年）一九頁
（5）（6）右同書二〇頁
（7）右同書七七頁
（8）右同書七六、七七頁
（9）『慈眼大師全集上』（寛永寺　大正五年　同縁起は通称『胤海伝』という）三八〇頁、
（10）右同書　三八一、三八二頁
（11）下野新聞『世界遺産　聖地日光　家康公400年祭にむけて』「第1部　神になった将軍7　聖なる道」平成二十六年十月十七日

二　正遷宮と勧請遷宮

第一節では家康の遺言を取り上げました。第二節では御霊（神霊ともいう。以後、御霊で表示）を取り上げます。家康埋葬地論争とは家康の遺骸が日光に遷されたのか否かの話ですが、実はその論争のなかにもう一つの論争が隠されているのです。もう一つの論争とは日光に正遷宮されたのか、勧請遷宮であったのかです。正遷宮とは御霊を仮殿から本殿に遷し祀ること、勧請遷宮とは御霊を分霊して新たな場所に遷し祀ることです。遺骸と御霊をセットで見ていかなければ、家康にまつわる謎は解けないのです。

では両東照宮の見解を見ていきます。まず久能山東照宮です。第一節の通り、落合宮司は「家康公の神霊を久能山から日光に分霊する形で、日光東照宮が創建された」と述べていますので、日光遷座は勧請遷宮と解釈していることになります。

一方の日光東照宮はどうでしょうか。第一節にある通り、「column　徳川家康の鎮座地として日光の地が選ばれた理由」のなかで「命日の十七日に遷座祭が行われた。家康の神霊は無事、東照宮に勧請されたのである」と記されていますので、久能山東照宮と同様の勧請遷座なのかと見てしまいますが、実は平成三年に日光東照宮が発行した冊子『日光東照宮』のなかに次のようなことが書かれてあります。

家康公は元和2年（1616）4月17日駿府城（静岡市）で75才をもってその輝く生涯をおえられたので、久能山に神葬されたが、御遺言により翌3年4月御遺骸を日光に御遷しして、東照社の正遷宮が行われた。(1)

「東照社の正遷宮が行われた」とあります。東照社とは家康が神となった東照大権現のことを指しますが、日光に正遷宮されたと受け取れる記述になっています。

では日光遷座は正遷宮であったのでしょうか。それとも勧請遷宮であったのでしょうか。その手掛かりを日光東照宮特別顧問高藤晴俊氏の『日光東照宮の謎』と徳川幕府の正史である『徳川實紀』から探ることにします。

高藤晴俊氏は『日光東照宮の謎』の中で日光遷座での梵舜と天海の役割を臓器摘出・移植の担当医に例えて説明しています。梵舜の役割は臓器摘出に相当する「遺体から霊魂を分離させる段階[2]」、「家康を神霊として復活させるまで[3]」とし、天海の役割は次の臓器移植に相当する部分「神号・神階の宣下を受けて正遷宮が行われること[4]」とあります。また天海の手によって行われた日光遷座こそが「東照宮創建の最大の深秘事項[5]」だとしています。

高藤氏は臓器摘出・移植を例えて日光遷座を説明しようと試みています。問題は臓器とは具体的に何を指しているかです。臓器が一つしかない心臓であれば、日光に移植するために久能を出発した元和三年三月十五日の時点で久能の仮殿から家康の御霊は無くなったことになります。いわゆる正遷宮です。臓器が背骨の両側に一対ある腎臓の一つであるならば、適切な例えとはいえません。天海の役割は臓器移植に相当する正遷宮を行うことだとしていますので、心臓移植となるのでしょう。ここで吉田神道の梵舜が『舜旧記』に書き遺した元和二年四月十九日付けの「鏡を内々陣へ納む」の件から見てみます。梵舜は久能で家康を神にするための神葬祭を取り仕切った人物です。

次内陣出来之時、悉掃(除)地申付、次鏡ヲ内々陣へ納之、散米悉以太麻ヲ祓之、御鏡ヲ予奉納也、[6]

右の記述に従えば、梵舜の手によって家康の遺骸から分離した御霊を鏡に遷し、その鏡は仮殿の内々陣に納めたことになります。御神体とは鏡だったのです。高藤氏は日光で正遷宮が行われたと述べていますので、久能の仮殿から心臓に相当する鏡を取り出し、日光の本殿に遷したことになります。ところが『本光國師日記』に遺された遺言には御霊を分けて祀るという意味の「勧請」という言葉が使われています。その言葉をそのまま日光遷座に当てはめれば、久能の仮殿に収められた鏡を日光に遷すのではなく、新たに用意した鏡に家康の御霊を写し、その鏡を日光の本殿に遷す勧請遷宮となります。

久能山東照宮は日光遷座からわずか八カ月後の十二月に朝廷からの使者を迎えて遷宮式が行われています。久能の仮殿に家康の御霊が存在しないとなれば、日光から久能に御霊を勧請するしかありません。『徳川實紀』の元和三年是年の箇所には次のように書かれています。

　此とし又駿州久能山　御宮を造営せらる。大森半七郎好長奉行して。日光久能の両宮に神寳若干を納めらる。(7)

その年に久能山にお宮が造営されたことだけ記されています。その時の遷宮式の様子は見えてきません。実は日光遷座が行われた後も家康の御霊は久能に何ら変わらないまま遺され、祭典が続けられていたと分かる記録があるのです。同『實紀』の元和三年六月十七日「秀忠詣久能山」の件です。

十七日駿府にとまらせ給ふ。この晝清水に御やすらひありて。久能山に詣給へり。(8)

右の記述から、二代秀忠は日光遷座から二カ月後の元和三年六月十七日に久能に参詣していたと分かるのです。その日は家康の月命日に当たり、久能に御神体となる鏡が祀られていなければ二代秀忠の参詣はありません。「秀忠詣久能山」の記述は、日光遷座以降も久能に何ら変わらないまま家康の御霊が祀られていたと決定づける記録なのです。久能にそのまま家康の御霊が祀られていたとなれば、日光に遷された御霊は分霊されたものとなり、久能山東照宮の見解の通り勧請遷宮だったといえるのです。

（1）『日光東照宮』（日光東照宮　平成三年）二頁
（2）（3）（4）（5）高藤晴俊『日光東照宮の謎』（講談社　平成八年）六七、六八頁
（6）『舜旧記第五』（『史料纂集舜旧記』続群書類従完成会　昭和五十八年）五頁
（7）『徳川實紀第二篇』（新訂増補『國史大系』所収　吉川弘文館　昭和三十九年～四十一年）一四三頁
（8）右同實紀第二篇　一三〇頁

三　幕府の方針

日光説の論客である寛永寺元執事長浦井正明氏は下野新聞の取材を受けるなかで、「家康と東照大権現はイコール」であり、「遺体が久能山に残っていては意味がない」と見解を述べています。同氏の『もうひとつの徳川物語』の中でも日光説を主張しています。それが「幕府の方針」です。第三節では「幕府の方針」について同書を通じて検証していきます。

浦井氏は家康薨去の翌月、日蓮宗が幕府に対し久能山に出向いて供養したいと申し出た

ことに注目して、次のように述べています。

日蓮宗僧侶の申し出た中に「大御所増上寺に御葬霊行はるる時は、我が宗派のともがらやむ事を得ず諷経にまかるべしといへども、神霊駿州久能山にあがめまつり給はんには……」とあることからすれば、少なくともここで言う神霊（葬霊）とは家康の遺骸を伴ったものであることは間違いない。(1)

右によれば、日蓮宗の申し出にある神霊（葬霊）とは家康の遺骸を伴ったもの、と浦井氏は言い切っていますが、以下のことから、浦井氏の独断の解釈に過ぎないと考えます。日蓮宗の申し出の箇所を『徳川實紀』で確認します。次のようになっています。

大御所増上寺に御葬禮行はるゝ時は。我宗派のともがらやむ事を得ず諷經にまかるべしといへども。　神靈駿州久能山にあがめまつり給はんには。我徒に於て久能に登山して。諷經つかふまつる事ゆるし給はらんやとなり。(2)

右に従えば、浦井氏が注目した「大御所増上寺に御葬霊行はるる時は、……」の「御葬霊」は「御葬禮」と記されています。「御葬霊」ではありません。ということは、「御葬禮」の「禮」を「霊」と読み替え、家康の遺骸を伴ったものと解釈したのではないかと思われます。このような読み替えは禁じ手です。さらにこの解釈を前提に浦井氏は、幕府が日蓮宗に対し回答したことについて次のように述べています。

この答えによって、実は幕府がこの時すでに家康の遺骸を久能から日光に遷すことを規定の方針としていたことが明らかにわかると思うのである。(3)

右によれば、「明らかにわかると思う」という表現を使って、家康の遺骸を久能から日光に遷すことが幕府の規定の方針だったと主張しています。浦井氏が言う「この答え」とは同『實紀』に載っています。次のように出ています。

よてその宗門の僧侶等こふ所の如きは。近年に　神霊下野國日光山にうつりまし給ふべければ。その時日光に登山し諷経すべしと令せらる。(4)

幕府の回答は「近いうちに家康の神霊を日光山に遷すのでその時に日光に登って供養しなさい」と読めます。遺骸の話はどこにも触れていません。この回答から幕府が日光に遺骸を遷す方針であったと読めるのか、この著書からはその根拠を見つけることができませんでした。しかし神霊《(葬霊)》のことを「家康の遺骸を伴ったものであることは間違いない」としていますので、そこから導き出された解釈ではないかと考えます。

これから提示する二つの視点によって、浦井氏の言う「幕府の方針」とは別の解釈ができることを明らかにしていきます。一つ目の視点は同『實紀』にある元和二年四月二十二日の記述です。二代将軍秀忠は中井正清に対して久能に「御本社」を急ぎ造営するよう指示を出した上で、次のような指示を出しています。

> この構造成功するまで衆人參拜を禁ずべしとて。山下に番所を設け。是を警衛すべしと命ぜらる。(5)

右によれば、本殿が完成するまで幕府関係者以外の者は立ち入り禁止だということです。ということは、四月二十二日の時点で日蓮宗の久能登山は不可能だったことになります。二つ目の視点です。日蓮宗が供養しようとした時期です。五月に久能で供養したいと申し出ています。久能の神葬祭は四月十九日に行われたことから、五月はいわゆる中陰以降の法要に当たります。そのことから家康の御霊に対する供養を意味するものであり、家康の遺骸に対するものではないと分かります。

以上二つの視点から幕府の回答を読み解けば、次のようになります。「すでに久能は参拝禁止となっている。近いうちに勧請により御霊は日光に祀られるので、その時点で供養しなさい」と幕府は回答した、と読めます。幕府は日蓮宗に日光で供養せよと指示しただけであり、日光に遺骸を遷すとの幕府の方針が確認できる当時書かれた史料は見当たりません。

（1）（3）浦井正明『もうひとつの徳川物語』（誠文堂新光社　昭和五十八年）一四六頁
（2）（4）『徳川實紀　第二篇』（新訂増補『國史大系』所収　吉川弘文館　昭和三十九年〜四十一年）九九頁
（5）　右同實紀　九七頁

四　上申と観念

令和元年（二〇一九）十月の末、平凡社から『徳川家康の神格化』（日本近世史学者野村玄著）が刊行されました。本書は徳川家康の新たな遺言の発見と、当初の家康の神格化がその新たな遺言に基づいて両部習合神道により実行されていたことの発見という二つの軸に論を展開する著書です。その冒頭「はじめに―徳川家康はどこに眠っているのか」の中に、家康が眠る場所は久能山東照宮の神廟とした拙冊『家康公と久能山東照宮神廟の謎』が取り上げられ、批評されていました。野村氏は「家康の墓所の所在地が日光であることを疑ってこなかった[1]」研究者であるようで、拙冊の論では「残念ながら成立し難いと思われる[2]」との結論を出し、久能説を否定、日光説を主張していました。第四節では野村氏の主張の裏付けとなった根拠と論拠のうち、次の二点を取り上げ、検証します。

根拠……静岡藩による家康遺骸埋葬場所の調査報告書

明治新政府は家康遺骸埋葬場所に強い関心を示し、明治二年五月静岡藩にその所在を明確にするよう調査、報告を命じています。その報告書が「東照宮遺骸埋瘞《まいえい》場所上申(3)」です。野村氏はその上申書を根拠に、次のように主張しています。

いま家康の遺体の在処に高い関心を示す静岡県民・市民は戸惑うかもしれないが、他ならぬ静岡藩当局が日光だと上申していた歴史的経緯はふまえられるべきことである。藩当局の参照した「古記録」が何であったのかは定かではないが、少なくとも明治初年の政治レベルでは、家康の遺体の埋葬場所は日光だという見解が確定していたのである。(4)

右によれば、明治初年の政治レベルでは、家康の遺体の埋葬場所は日光だという見解が確定していたとする主張です。では「東照宮遺骸埋瘞場所上申」とはどのような内容だったのでしょうか。野村氏が示したものが「東照宮遺骸埋瘞ノ場所、先達テ御尋御座候ニ付、即時国許へ申遣、取調候処、最初駿河国久能山へ埋瘞、其後、元和三年四月四日同所ヨリ下野国日光山へ移葬仕候趣、古記録ニ睫ト有之候旨、申越候、此段申上候(5)」です。その内容から「日光へ『移葬』したことが古記録に明確であると上申している(6)」とする一方で、「藩当局の参照した『古記録』が何であったのかは定かではない」とも述べています。

上申書には、確かに日光へ移葬（改葬）したとする古記録があると記しています。しかし、その古記録は何を指すものなのか、どの箇所に日光移葬のことが書かれているのか、野村氏は特定していません。また「明治初年の政治レベルでは」とありますが、明治維新後日が浅く世の中が混沌としていた時代の報告書です。静岡藩は明治新政府からの調査命令をどのように受け止め、報告したのかも確認する必要があります。

まず「国許」からの報告確認と古記録の特定です。野村氏が参考公刊史料として使用した『久能山叢書』第五編にその手掛かりがあります。「明治二巳年　進達下り物留」の六十八番目の六月の記録、「一　神祖　御遺骸《イガイ》之儀ニ付、神祇官より御達し有之候旨、公用人より問合書付[7]」です。そこには明治二年五月の神祇官からの「御達」と、明治二年六月六日の久能取締組頭衆杉江甲子次郎が静岡藩に報告した内容が記載されています。次のように載っています。[8]

神祇官からの御達

祖先家康遺骸之儀、何れ之場所江埋葬に相成候哉、
顕然之処取調、書面を以、迅速、可申出事

五月　　　　　　　　　　　　神祇官

久能取締組頭衆から静岡藩に宛てた報告

御尊廟之儀申上候書付

杉江甲子次郎

別紙神祇官より御達書之趣、取調可申上旨奉承知、古
書類夫々取調候処、別紙
宣旨幷御葬儀之御次第書、日光山縁起書之外書類無御
座候。則右写相添此段申上候。以上

巳六月

右に従えば、神祇官からの御達には「家康の遺骸はどの場所に埋葬されているのか、明確に分かるよう調べ上げ、書面を持って早急に報告せよ」とあり、それに答える形で久能

山東照宮の責任者であった杉江甲子次郎は静岡藩に「古書類をひとつひとつ丹念に当たったところ、別紙の通り宣旨並びに葬儀次第書、日光山縁起書の外に書類はありません。その写しを添えて報告します」となっています。

古記録（古書類）としては『宣旨』、『葬儀次第書』、『日光山縁起書』の三点のみの存在を報告しているだけで、神祇官が知りたかった肝心要の問いに答えていないことが分かります。強いて言えば『日光山縁起書』には家康の遺骸のことが書かれているということになるでしょう。静岡藩ではその報告をもとに『日光山縁起書』名を伏せて「元和三年四月四日同所ヨリ下野国日光山へ移葬仕候趣、古記録ニ聢ト有之候旨、申越候、此段申上候」と答えているのが分かります。

現場の調査対象は古記録であったということです。古記録の調査となれば、江戸幕府の公式見解「日光」に帰結するはずです。「御達」には古記録を調査せよとは指示していません。ではなぜ調査対象を古記録としたのか。その理由の一つとして静岡藩が抱えていた特殊な事情があったのではないかと考えます。

ここで徳川家の静岡藩と前将軍慶喜について『見る読む　静岡歴史年表』に沿って見て

いきます。(9)

慶応四年（一八六八）一月三日　鳥羽伏見の戦い（戊辰《ぼしん》戦争）が起こる
同年三月　勝海舟の手紙を持った山岡鉄舟が伝馬町で西郷隆盛と会見
同年五月　徳川亀之助（六歳）駿府城主（駿府七十万石）に命じられる
同年七月　徳川慶喜、水戸から清水港に上陸、その後宝台院に入る
同年八月　徳川亀之助、家達と改名、江戸から駿府城に入る
明治二年（一八六九）六月　版籍奉還、府中を静岡に改める
　　徳川家達、静岡藩知事に任命される
同年九月　徳川慶喜、謹慎が解かれ、翌月、宝台院から紺屋町元代官屋敷に移る

右によれば、慶応四年五月徳川家を継いだ徳川家達《いえさと》（幼名亀之助）は駿府七十万石の城主に命じられ、同年八月に江戸から駿府に移ってきます。明治二年六月版籍奉還があり、徳川家達は静岡藩知事に任命され、藩の名称は静岡藩に改められます。一方十五代将軍であった徳川慶喜は精鋭隊に守られながら慶応四年七月に駿府に移ってきます。ここで注目

するのが精鋭隊の存在です。

この精鋭隊は慶応四年二月に中条景昭と山岡鉄舟を頭として江戸で謹慎した慶喜を警護するために組織された部隊です。同年七月に慶喜が宝台院に入った後は久能山東照宮の守衛に当たることになります。明治元年九月二十九日に新番組と改称し、十二月二十六日には久能山の一之門御警衛の任務が久能御取締から新番組之頭へ移管されています。明治二年五、六月は新番組約二百五十人が実際に東照宮の警備を業務としていました。(10)

明治新政府から静岡藩に家康遺骸埋葬場所の調査命令が下り、そしてその回答をした時期、二百五十名という大人数の武士が久能山東照宮を警備していたのです。その事実は何を物語っているのでしょうか。静岡藩は久能の神廟が暴かれることを恐れていた、と見るべきです。その危険を察知した久能山東照宮の責任者はそれを回避するため、『日光山縁起書』の書名を挙げ日光移葬を暗示する無難な報告を上げたとしても何ら不思議な話ではありません。

文書記録は誰が何の目的で残したかを常に考慮しなければなりません。事実や真実のみが書かれているとは限らないのです。明治初期のただならぬ緊張感の中にあって、久能山東照宮や静岡藩は久能山東照宮と徳川家を護持するために最大限の努力の跡を残していると言えます。「日光だという見解が確定していた」とは言い切れないと考えます。

論拠……寺院堂内の遺体安置と当時の観念

野村氏は次のように述べています。

日光へ運ばれた「金輿」の中に「尊躰」または「神躰」として家康の遺体が載せられ、仮にそれが寺院の堂内に安置されていたとしても、当時の観念としてはあり得たと考えなければならないのではなかろうか。(11)

右によれば、当時の観念からすれば、寺院堂内に家康の遺骸が安置されることはあり得たとしています。では野村氏は「当時の観念」をどのように説明しているのでしょうか。「家康の身体はもはや神仏なのであり、たとえ物理的に死を迎えていても死んでいない(12)」という観念です。その観念を裏付ける史料として宮内庁書陵部所蔵の「東照社建立及堂供養関係文書」二所収史料と以心崇伝の『新訂本光』(『新訂本光國師日記』)第四の二つを挙げています。

野村氏はその史料をどのように取り上げ、どう解釈しているのかを見ていきます。まず「東照社建立及堂供養関係文書」です。後水尾天皇は家康の病没に際し触穢となるかを関白二条昭実《にじょうあきざね》に問うたところ、葬礼が行われない間は触穢《しょくえ》とならないと答えたとして「家康の法要は増上寺《ぞうじょうじ》で行われたものの葬儀はなかったから、二条の論理によれば触穢とはならない(13)」と受け止めています。葬儀がなければ触穢に当たらないとの解釈です。

次に『新訂本光』です。京都所司代板倉勝重からの知らせの中に、家康が神として祝われたことにより禁裏御所は触穢とならず、他の祭儀も行われていることが記されていると して、次のように家康の神格化によって穢れの観念はなかったと解釈しています。

より直接的に、家康が神格化されたことによって触穢とならなかったと述べられているから、やはり家康の身体とその関係者に穢れが発生したとは観念されなかったと考えるべきであろう。(14)

この二つの史料を「当時の観念」の根拠にしようと試みていますが、その観念だけで改葬途中の寺院堂内に家康の遺骸を安置することが可能であったのか、という疑問です。改葬自体の検証が必要なはずです。取り上げられた史料は家康の遺骸を久能に埋葬し、神として祀った元和二年四、五月の時のものです。一方寺院堂内の遺骸安置の話は元和三年三月、約一年後の場面です。時期が異なり、改葬という新たな葬礼が加わっています。

野村氏は「仮にそれが寺院の堂内に安置されていたとしても、当時の観念としてはあり得た」としていますが、改葬という行為をどのように捉えているのでしょうか。改葬は穢れの範疇《はんちゅう》に入ります。(15)穢れについては第二章で詳しく述べます。また久能山東照宮社務所編『久能山叢書』第三編に元禄六癸酉年（一六九三）の「御改服忌令」が掲載されており、「穢之事(16)」の欄に改葬が出ています。「服忌令」は喪に服すべき期間を定めた法ですが、触穢に関する規定も明記されています。野村氏の言う観念とは別の観念、改葬は穢れとする観念もあったのです。

現代社会でも改葬は行われています。改葬前にお墓の前で閉眼法要を行い、その上で遺骨を取り出し骨壺に入れ、そのまま新しい墓地に運ぶ。遺骨が土に還っている場合は土をすくって遺骨の代わりにすることもある。そして新しい墓地では開眼法要を行い、遺骨を納めて納骨法要を行うのが現代のやり方です。寺院によっては遺骨を納めた骨壺を本堂に運び、本堂で法要を営むこともあるようです。問題は土葬された遺骸（遺体）の取り扱いです。その場合はその遺骸は火葬されるのです。(17)ということは、お墓から掘り出した遺骸をそのまま本堂に運び入れることは考えられないのです。

戦後の改葬実例としては徳川将軍家菩提寺であった増上寺で行われた改葬があります。昭和二十年の戦火によって荒廃した将軍家の墓所を一カ所にまとめようと、昭和三十三年から墓所の改葬が行われています。それに合わせて墓の構造、副葬品そして遺体の学術的調査も行われました。その記録は『増上寺　徳川将軍墓とその遺品・遺体』と『骨は語る徳川将軍・大名家の人びと』に収まっています。次のように書かれています。

墓所改葬

改葬に先立ち、昭和33年8月4日、増上寺本堂と秀忠公墓前で厳粛な慰霊祭がとり行われた後、発掘にとりかかった。(18)

2代将軍　徳川秀忠(19)

8月14日　棺桶の底板をレントゲンで調べたところ、刀身、金具、人骨などが検出された。将軍秀忠の棺と認められたので、底板にのせたまま増上寺客殿に移した。
8月15日　棺の底板とともに取り出した遺品ならびに骨などを調査する。

6代将軍　徳川家宣(20)
9月22日　工事は北墓地に移った。この日文昭院家宣墓前祭を行う。
9月24日　同上の改葬式を行う。
（中略）
11月13日　銅棺を地上に引き上げる。内部に木炭がつまっていた。銅棺を切開いて木棺を取り出す。木棺を下の仮小屋に運んで調査することになった。
11月16日　木棺を開いた。この日から遺体、遺品の調査にかかる。

右の記録によれば、二代秀忠の場合、増上寺本堂と秀忠の墓前で厳粛な慰霊祭がとり行われた後発掘に取り掛かり、掘り出された遺骸は棺の底板に載せたまま増上寺客殿に移されています。六代家宣の場合、墓前祭と改葬式が行われ、掘り出した遺骸は木棺に納まったまま仮小屋に運ばれています。掘り起こされた遺骸が増上寺本堂に移されたという記録は見当たりません。栞《しおり》「増上寺御霊屋（21）」には遺骸は荼毘（火葬）に付され、現在地に改葬されたとあります。

このように改葬の場合遺骸は本堂に安置されることはなく、「改葬は穢」とする観念が現代社会でも根強く残っているのです。日光改葬を現代よりはるかに穢れの感情が色濃く残っていた時代の出来事として考えれば、改葬途中に寺院本堂に遺骸を安置することは考えにくいのです。

以上のように野村氏の所説を検証しましたが、「静岡藩による家康遺骸埋葬場所の調査報告書」や「寺院堂内の遺体安置と当時の観念」は日光説を決定付ける根拠・論拠とはならないのです。

（1）（3）（5）野村玄『徳川家康の神格化』（平凡社　令和元年十月）一〇頁
（2）右同書　二八頁
（4）（6）右同書　一一頁
（7）『久能山叢書』（久能山東照宮社務所編　第五編）五二六頁
（8）右同叢書　五七一、五七二頁
（9）『見る読む　静岡歴史年表』（羽衣出版　平成八年）九二、九四頁
（10）『久能山誌』（静岡市　平成二十八年）一三七、一三八頁参照

（11）野村玄『徳川家康の神格化』（平凡社　令和元年十月）二〇頁
（12）右同書　一八、一九頁
（13）右同書　一九、二〇頁
（14）右同書　二〇頁
（15）『日本大百科全書8』（小学館　昭和六十一年）一五一頁参照
（16）久能山東照宮社務所編『久能山叢書』第三編　一六七頁
（17）佐々木悦子監修『お墓・仏壇の選び方・祀り方』一三五頁、主婦の友社編『最新カラー版お墓と仏壇　選び方・建て方・祀り方』一二五、一二九頁、小原崇裕『安心できる　永代供養墓の選び方』八七、八八頁 各参照
（18）鈴木尚『骨は語る　徳川将軍・大名家の人びと』（東京出版会　昭和六十年）二二頁
（19）鈴木尚・矢島恭介・山辺知行編『増上寺　徳川将軍墓とその遺品・遺体』（東京大学出版会　昭和四十二年）七頁
（20）右同書　七、八頁
（21）栞「増上寺御霊屋」最終頁

五　遺言と採め事

久能説を主張する静岡在住のライター興津諦氏は電子文書『徳川家康の墓・駿府ネット』

の「久能山こそ駿府城の本丸なり」の中で「家臣、側近たちの忠誠」について次のように述べています。

家臣や側近や将軍など、この千人行列に関わった幕府中枢の中に、必ずご遺命に背くことへの反対意見が出たはずですが、それでも無事に改葬ができたということなのでしょうか？(1)

右によれば、遺言にない改葬が行われれば家臣や側近から反発が起こり、揉めたはずだとなります。史料を調べましたが、確かに揉めた記録は遺されていません。それをどう解釈すればよいのでしょうか。揉めずに改葬されたから記録がないのか、改葬がなかったから揉めることはなかったのか、どちらかです。二代秀忠以降歴代将軍の揉め事の有無を調べてみれば、その疑問を解くことができるかもしれません。

『徳川實紀』に四代家綱、五代綱吉の葬儀の時揉めた記述が遺っていました。徳川将軍家の葬儀は菩提寺の増上寺と決められていましたが、幕府は将軍の遺言によって葬儀を寛永寺で行うと増上寺に通告した時、幕府と増上寺の間で揉めたのです。次のように同『實紀』に書かれています。

【四代家綱】

前代御遺命により東叡山に御送葬ありといへども。歴世の例により。（中略）増上寺方丈詮應はじめ。浄宗十八檀林のともがら愁訴するをもてなり。(2)

【五代綱吉】

こたび東叡山に御葬り有よしを告しかば。衆徒一同強訴しけるは。（中略）たれか御遺命にそむくものあらんには。忠晴が手のものして一々に召とらへ。計らふさまありとののしりければ。大僧正門秀恐服して。やうやう衆徒をなだめ。一同に承服せりとぞ。(3)

右の記述の通り、増上寺は猛反発し、四代家綱の時は「浄宗十八檀林愁訴」、五代綱吉の時は「増上寺衆徒強訴」として同『實紀』に遺されました。幕府は将軍の遺言に頼って強引に増上寺の不満を抑え込んでいます。遺言があっても揉めていたのです。

揉めた事実を重く受け止めなければなりません。また幕府が将軍の遺言に従った事実も重いものがあります。家康の場合「勧請」という言葉を使っていますので、日光に御霊を分けて祀ることで、遺骸を遷せという遺言ではありません。仮に日光改葬を強行しようとすれば、家康から直接遺言を聞いた崇伝、本多正純、家康より久能の神職を司るように言われた榊原照久から強い反発が起こることは必定です。しかしそのような反発、揉め事は史料に遺っていないのです。

家綱・綱吉　寛永寺に埋葬との遺言はあった。揉めた記録はあった。
家康　　　　日光に埋葬との遺言はなかった。揉めた記録はなかった。

このように四代家綱・五代綱吉の遺言に幕府が従っているが、それでも揉めてその記録が遺されたということは、家康の遺言にない改葬が行われれば、必ず揉め事は起きその記録も遺されたと帰結します。しかしそのような記録が見つからないのです。日光改葬は行われず、家康の遺骸は久能に埋葬されていると十分推論できます。歴史は記述された史料に論考を加えて紡がれますが、記録がないという事実も重要な情報であり、興津氏の指摘は説得力のある指摘として評価されるべきと考えます。

（1）興津諦「久能山こそ駿府城の本丸なり」（徳川家康の墓・駿府ネット（http://sumpu.net）平成二十七年四月十九日アクセス）八頁
（2）『徳川實紀第五篇』三五六、三五七頁
（3）『徳川實紀第七篇』四頁

六　神廟と権現造

興津氏は同文書で「寛永の大造替後の石の宝塔建設」の件を次のように取り上げています。

久能山東照宮の神廟（徳川家康公墓所）がそれまでの木造から今のような荘厳な石造りの宝塔に建て替えられたのも、家光公存命中の寛永17年（1640年）のことだったといいますから、「日光遷座」といわれた元和3年（1617）以降も、この墓所

は幕府の手によって、この上なく、大事にされてきたのです。(1)

右によれば、久能の神廟は日光遷座以降も歴代将軍によって大事にされていたとなります。久能の石造りの宝塔は家康二十五回忌の寛永十七年（一六四〇）に工事着手し、翌年の同十八年（一六四一）に完成しています。日光の石造りの宝塔は翌年の寛永十九年（一六四二）の完成です。

元和三年（一六一七）に家康の遺骸が日光に遷されたとした場合、それから二十数年後に久能で半永久的に遺る荘厳な石造りの神廟に造り替える必要はあったのでしょうか。最初の埋葬地として分かる簡易な墓標を立てれば十分なはずです。家康二十五回忌に合わせて造り替え始めたという事実は家康が久能に埋葬されている一つの根拠になるのではないでしょうか。

造り替えた順番も重要です。儀式が伴うからです。久能は同十八年（一六四一）に完成したのに対して、日光(2)は翌年の寛永十九年（一六四二）です。『久能山叢書第四編』の「久能山東照宮の創建」に大河直躬氏の論文が掲載されています。そこには久能山での儀式が次のように書かれています。

奥社の石造宝塔の方は、徳川実紀によると、寛永十八年九月二十七日に遷宮儀式が行われており、このときに完成したことは明らかである。ただし、工事着手の時期については、徳川実紀は同年春よりとしているが、久能山東照宮所蔵の記録類には、寛永十七年よりとするものが多い(3)（秘録覚、経営記、久能山之記）。

右によれば、寛永十八年（一六四一）九月二十七日に遷宮儀式が行われたとなります。日光より先に遷宮儀式が行われた事実は重く、儀式を見れば優先順位が分かるのです。

次に権現造様式の建物はどのように歴代将軍の霊廟に影響を及ぼしたのかを見ていきます。静岡市の『久能山誌』には次のように書かれています。

徳川将軍の霊廟は、久能山・日光東照宮の建立以来、享保五年（一七二〇）に八代将軍吉宗が停止するまで、核となる建造物を権現造とし、また墓標にあたる宝塔を中心とする奥院を置く形式を採っていく。(4)

右の記述から、将軍家霊廟の核となる建造物は久能山東照宮、日光東照宮と同じ権現造様式が採用されたことが分かります。歴代将軍の葬儀は菩提寺である増上寺または寛永寺で行われ、葬儀場は方丈や本坊の書院、龕前堂《かんぜんどう》で、中陰、百か日忌法要は本堂で執り行われます。その後の祭祀は権現造の建物で営まれることになります。

ではなぜ徳川将軍家は霊廟の核となる建造物を神社建築様式の権現造としたのでしょうか。それは、日本の政《まつりごと》を担う徳川将軍家にとって初代将軍家康を神として祀られた権現造様式こそ、徳川将軍家を守るにふさわしい建造物であると判断したからだと考えます。

（1）興津諦「久能山こそ駿府城の本丸なり」（徳川家康の墓・駿府ネット（http://sumpu.net）平成二十七年四月十九日アクセス）九頁

（2）『久能山叢書第四編』「久能山東照宮の創建」大河直躬氏論文　一七八頁
日光においては、奥社の石造宝塔の工事は寛永十八年に着手し、翌十九年四月に完成した。日光の方が久能より七ヶ月ほど遅れてできたのであるが、ほぼ時期的に並行した工事で、双方が同時に企画されたのではないかと考えられる。

（3）右同叢書一七七頁

（4）『久能山誌』（静岡市　平成二十八年）九十三頁

七　家康公没後四百年祭

ここで平成二十七年（二〇一五）に久能山東照宮と日光東照宮で行われた五十年に一度の神忌「家康公没後四百年祭」を見ていきます。

【久能山東照宮】　正式名「御鎮座四百年大祭」は家康の命日、平成二十七年四月十七日（金）に徳川宗家第十八代当主徳川恒孝《つねなり》氏を司祭として迎え斎行されました。当日、徳川恒孝氏をはじめご嫡男である徳川家広氏、尾張徳川家第二十二代当主である徳川義崇氏、そして水戸徳川家第十五代当主である徳川斉正氏も、黒の衣冠装束で祭典に参列されました。本殿での祭典後には神廟にも参拝されました。ＮＨＫはその時の様子を全国放送し、新聞各社も一斉に記事にしています。

この御鎮座四百年大祭は、左記のように五日間にわたって行われました。

四月十五日（水）第一日の儀　奉告祭
四月十六日（木）第二日の儀　平和祭

四月十七日（金）第三日の儀　御例祭
四月十八日（土）第四日の儀　奉幣祭
四月十九日（日）第五日の儀　終了祭

第四日の儀である奉幣祭では、前日の御例祭に続き徳川宗家第十八代当主徳川恒孝氏が司祭を務め、天皇陛下からのお供えの品（幣物）を東照宮の神前に上げられています。

【日光東照宮】　正式名「四百年式年大祭春季例大祭」は平成二十七年五月十七日に徳川宗家第十八代当主徳川恒孝氏を司祭として迎え斎行されました。ご嫡男の徳川家広氏、尾張徳川家第二十二代当主徳川義崇氏、そして水戸徳川家第十五代当主徳川斉正氏も黒の衣冠装束で参列し、本殿での祭典後奥社に行かれています。当日（十七日）は神事流鏑馬《やぶさめ》が奉納され、十八日に百物揃千人武者行列、そして十九日には奉祝大祭が挙行されました。

さらに五十年前の日光の祭祀を『日光東照宮三百五十年祭誌』から調べてみると、昭和四十年五月十七日午前七時にまず奥社献饌《けんせん》祭が行われ、午前十時から三百五十年式年大祭が御本社で挙行されています。奥社献饌祭で読まれた祝詞《のりと》の冒頭に「東照宮の奥宮の神前に」となる「東照宮乃奥宮乃大前尓(1)」という文言が出てきます。奥社に祀られた神、東照大神に対して祝詞を読んでいたことが分かります。家康の遺骸に対する祝詞ではないのです。ちなみに久能の神廟前では祝詞は読まれません。

このように五十年に一度の祭祀では、久能山東照宮は家康の命日四月十七日に合わせて行われたのに対して、日光東照宮は一カ月遅れの五月十七日でした。一般的に日光に家康の遺骸があると思われているわけですが、家康の命日に久能で「御鎮座四百年大祭」が行われ、徳川宗家当主は神廟に参拝されています。日光ではありませんでした。これまであまり知られてこなかった東照宮の祭祀の姿を、多くの方は「家康公没後四百年祭」を通じて知ることができたのではないでしょうか。

では例年の祭祀はどうでしょうか。久能の御例祭は毎年家康の命日四月十七日に執り行われ、やはり徳川宗家当主は司祭を務め、神廟の前で拝礼されています。現当主徳川恒孝氏は昭和三十八年に第十八当主に就任以来、毎年四月十七日に久能山東照宮の司祭を務めていましたが、平成三十年からはご嫡男である徳川家広氏に司祭の代理を委ねたようです（口絵3）。

私は東照宮の儀式を見る限り、家康の遺骸が埋葬されている場所は日光ではなく、久能ではないかと思えてならないのです。家康の遺骸が日光に改葬されているとすれば、徳川宗家当主は家康の命日に日光に出向き、お墓といわれる奥社にお参りされるのではないでしょうか。しかし現実は違っているのです。祭祀は日光改葬の謎を知る重要な手掛かりになると考えます。

（1）『日光東照宮三百五十年祭誌』（日光東照宮　昭和五十六年）四三頁

八　宮司の発言

宮司の発言としては久能山東照宮落合宮司を取り上げてきました。論争問題の中で両東照宮の宮司の考え方を比較すれば、争点がより明確になるはずです。残念ながら日光東照宮の現宮司稲葉久雄氏の発言を聞くチャンスはなかったのですが、前宮司額賀大興《ぬかがひろおき》氏の発言が載った出版物を見つけることができました。

対談「日光東照宮史余話」（増刊歴史と人物『日光東照宮』所収　中央公論社　昭和五十六年）です。そこには、家康の遺骸についての宮司の考えが載っていました。この座談会のメンバーは額賀大興宮司、矢島清文同権宮司、そして柴田豊久同副文庫長の三方、聞き手として作家の稲垣史生《しせい》氏です。額賀大興宮司は聞き手の質問にどう答えたかを見てみます。

聞き手の稲垣氏は日光遷座のルートに当たる川越の仙波大堂逗留場面を取り上げ、家康の遺骸の痛みについて「お棺は頑丈であったろうと思うんですが、土葬ですから、痛みはどうだったんでしょうね(1)」と質問しています。額賀宮司は「触れるべきことではないと思います(2)」と話した上で、次のように述べたのです。

御遺体を具体的にどうしたのか、というようなことではなく、宗教的に申せば、御神霊をお移し申しあげる、ということでしょうね。(3)

額賀宮司は家康の遺骸に関して一切触れることなく、宗教的見地から神になった家康の御霊に言及したのです。稲垣氏は別の形で「しかし伝えでは、そのままの御遺体がこちらへ来て埋葬してあるわけですね(4)」と質問すると、額賀宮司は次のように答えています。

いずれにせよ、日光が、幕府にとって正式な聖地であったということは、事実なんです。(5)とにかく、なにをお移ししたかということは、まあ宗教上の神秘は、なかなか測り知れないものがある、ということですね。(6)

額賀宮司は宗教上の神秘という言葉を使って聞き手が聞きたかった家康の遺骸と埋葬について答えなかったのです。額賀宮司は避けていると感じました。一般的には久能から日光に家康の遺骸は遷されたと思われています。聞き手は家康の遺骸や埋葬について関心があったから質問しています。当然答えてくれるものと思って質問したはずですが、答えませんでした。

宮司は東照宮の最高責任者として発言に重い責任を持っています。慎重な発言になるのは分かりますが、言葉を濁した理由として考えられることは、額賀宮司自身が日光に家康の遺骸はないと分かっていたから、としか思い当たりません。「日光埋葬説」を否定することもできないのです。さらに面倒な話になってしまうからです。肯定も否定もできなかったのです。そう受け止めるのが自然ではないでしょうか。

我々日本人は神秘（深秘）という言葉に弱いように感じます。その言葉が出てくると、それ以上触れてはいけないとつい思ってしまいます。しかし家康の遺骸と埋葬の話は宗教上の神秘とは本来関係ないはずです。現に日光東照宮の最高責任者が「触れるべきことではない」、「宗教上の神秘はなかなか測り知れない」と発言している一方で、出版物では「御遺言により御尊骸は久能山から日光に改葬され(7)」と家康の遺骸と埋葬について堂々と触れているからです。宗教上の神秘対象となっていない証拠です。宗教上の神秘を冒すことになるとすれば、久能山東照宮の落合宮司も寛永十七年より現在の形で存在する廟所について誰に質問されても、「宗教上の神秘につき何も答えられません」としか言えないことになります。

（1）〜（6）対談「日光東照宮史余話」（増刊歴史と人物『日光東照宮』所収 中央公論社　昭和五十六年）一六二頁
（7）日光東照宮編『日光東照宮の宝物』（日光東照宮社務所　平成二十七年）三一頁

第二章　日光改葬の謎解き

第一章では「徳川家康埋葬地論争」を見てきました。これまで家康が眠る地は日光と言われてきましたが、その実態はかなり違っていました。第二章では持論を述べていきます。

一　謎解きの手掛かり

第一章を通して分かってきたのは、日光説があくまで通説であって、定説ではなかったことです。しかし、下野新聞記事に「研究者の多くは、遺体が日光に運ばれたことを既定の事実とみている(1)」とあるように、研究者の間では日光説が定説と捉えられているようです。日光説は四百年以上の歳月をかけて伝えられてきた多くの史料や先学の所説から成り立っています。一方、久能説はわずか十七年前の落合宮司の発言からです。積み重ねられてきた歳月の厚みに違いがあることは否めません。

貞享《じょうきょう》元年（一六八四）江戸幕府が官撰した徳川幕府の正史『東武實録』は二代将軍秀忠の事跡記録です。そこには「天海の鋤鍬」により日光に改葬されたと読める箇所が次の通りあります。

天海僧正手ツカラ鋤鍬ヲ取ル是大織冠葬リヲ改ムル舊例也(2)

右によれば「天海は自ら鋤鍬を取った。これは藤原鎌足の亡骸を改葬する旧例に倣ったものである」となります。「天海の鋤鍬」の話はその後に編纂された幕府正史にも載っています。嘉永二年（一八四九）に成立した『徳川實紀』の次の箇所です。

すべて大織冠鎌足公和州多武峰に改葬の先蹤によることとて。大僧正天海みづから鋤鍬とりて其事を行ふ。(3)

右によれば「すべて鎌足改葬の先例に倣った。大僧正天海自ら鋤鍬を取ってその事を行った」となります。『東武實録』と同様の記述です。しかし、日光改葬の唯一の史料と言われる『日光山紀行(4)』には「天海の鋤鍬」の記述はありません。この事実についてどう理解すればよいのでしょうか。後年の幕府正史に「天海の鋤鍬」が書き加えられたということは、幕府の意図が隠されているのではないのかと感じてしまいます。その意図とは日光改葬説を正当化することです。多くの研究者はこれまでの史料に基づいて所説を述べていますので、日光説が通説になるのもある意味当然なことかもしれません。謎解きにはこれまで研究者が手掛けなかった視点が求められているのではないでしょうか。

次の四つの視点から謎解きに迫ることにしました。

1 『日光山紀行』
2 穢れ
3 葬送儀則と論義法要
4 歴代将軍

(1)『世界遺産　聖地日光　家康公400年祭にむけて』「第1部 神になった将軍6 遺体日光に」

（下野新聞　平成二十六年十月十六日）

（2）『東武實録（二）』（史籍研究会　昭和五十六年）三七頁

（3）『徳川實紀第二篇』（新訂増補『國史大系』所収　吉川弘文館　昭和三十九年）一二〇頁

（4）『御鎮座之記』または『東照権現御遷座記』ともいう。

二『日光山紀行』

『日光山紀行』は公家の烏丸光広が元和三年（一六一七）三月十五日に久能山から出発した大行列に随行して書いた紀行文です。この紀行文を読み解くポイントは、次の三つと考えます。

【第一のポイント】どこに「家康の遺骸」のことが書いてあるのか。

同紀行文の冒頭には次のようにあります。

尊體《そんたい》を日光山へ遷《うつ》し奉らる、事は。大織冠《たいしよくわん》を。攝津國《せつつのくに》阿威山より多武峰《たぶのみね》に。定恵《ぢやうゑ》和尚《おしやう》の渡《わた》し申されける例《ためし》なり。(1)

右によれば、家康の尊體を日光山に遷すことは定恵和尚が藤原鎌足の亡骸を阿威山から多武峰に改葬した故事に倣ったもの、と読めます。東照社縁起に出てくる藤原鎌足の例は、この紀行文を引用したものと考えられます。鎌足改葬の故事に倣ったとなれば、ここに書かれた「尊體」は家康の遺骸のことを指していることになります。

【第二のポイント】　柩はどの寺院に逗留したのか。その建物は特定できるのか。

『徳川實紀』では家康の柩のことを神柩(2)または霊柩(3)と表現しています。この紀行文ではその柩を乗せた輿のことを金輿(4)または神輿(5)という形で表現されています。「神體は金輿に奉る(6)」とも書かれていますが、家康の遺骸を指す尊體が収まった神柩（霊柩）は金輿（神輿）に乗せられていたと解釈すればよいと考えます。では神柩はどのような行程を辿り、どこに逗留したのでしょうか。次のようになります。(7)

久能山出発（元和三年三月十五日）→富士の善徳寺（三月十五日）→三島（三月十六日～十七日）→小田原（三月十八日～十九日）→中原の御殿（三月二十日）→府中の御殿（三月二十一日～二十二日）→川越の仙波大堂（三月二十三日～二十六日）→忍（三月二十七

日）→佐野（三月二十八日）→鹿沼（三月二十九日〜四月三日）→日光山座禪院到着（四月四日）

元和三年（一六一七）三月十五日に久能を出発し、二十日間かけてゆっくりゆっくりと日光山に向かったことが分かります。その間柩は九カ所で逗留し、柩を安置した寺院は富士の善徳寺と川越の仙波喜多院の二カ所、その中で柩を安置した建物として確認できるのが仙波の大堂（本堂、薬師堂ともいう）でした。『徳川實紀』に「廿三日　霊柩仙波につかせ給ひ。大堂に入らせらる」との記述があり、(8)仙波大堂は柩を安置したと分かる唯一の寺院の建物です。建物を特定できたことで謎解きの扉を開くことができました。

【第三のポイント】逗留中にどのような祭祀が行われたのか。

具体的祭祀が分かるのも仙波大堂の箇所でした。同紀行文に次のように書かれています。

けふは仙波《せんば》大堂《だいだう》に止《とゞ》まらせ給ふて。同じき廿六日までおはします。（中略）かゝる靈《れい》地《ち》なれば。是れにて論題《ろんだい》を致《いた》されけるは。一生入妙覺《いつしやうにふめうかく》となん。問答重難《もんだふちうなん》。善盡《ぜんつく》し美《び》つくせり。御證義《ごしようぎ》は固《もと》より大僧正(9)。

現代語訳すれば次のようになります。

今日は仙波大堂に御泊りいただきます。三月二十六日まで御逗留です。

……途中省略……

仙波は霊地（霊場）です。論題は「一生の間に真の悟りを開くには、すなわち仏の位に入るには」です。きびしい問答が続きましたが、完璧な議論が行われました。問答の内容を判定批評する重要なお役目はいうまでもなく天海大僧正です。


このように烏丸光広は天海が仙波大堂という建物で「一生入妙覚」という論題で法要を取り仕切っていたことを書き遺しました。仙波大堂で論義法要が営まれたことが確認でき、さらに謎解きの手掛かりが掴めました。

（1）烏丸光広『日光山紀行』（『日本紀行文集成　第四巻』所収　日本図書センター　平成十四年）三一五頁
（2）（3）『徳川實紀第二篇』（新訂増補『國史大系』所収　吉川弘文館　昭和三十九年～四十一年）一二〇～一二三頁
（4）（5）（6）烏丸光広『日光山紀行』（『日本紀行文集成　第四巻』日本図書センター平成十四年）三一五、三一六頁

（7）村上直「東照大権現の成立と展開」（平岡定海編『権現信仰』）雄山閣出版 平成三年）二八九頁と『日光山紀行』を参考に作成。
（8）『徳川實紀第二篇』（新訂増補『國史大系』所収 吉川弘文館 昭和三十九年~四十一年）二二一、二二二頁
（9）『日本紀行文集成 第四巻』（『日本紀行文集成 第四巻』日本図書センター 平成十四年）三二八頁

三 穢れ

江戸時代、穢れの意識は現代に比べはるかに強いものがありました。穢れを嫌い、排除しようとする日本の風土を見ることができます。では日光改葬とどのように関連づけることができるのでしょうか。『日本大百科全書』の「穢れ」から確認することにします。次のように書かれています。（抜粋）

身に接し目に触れ、器物衣食に及ぼすいっさいの不浄をいう。（中略）穢として扱われてきたものに、人体に関しては死・出産・妊娠・傷胎・月事・損傷などがあり、食

物についてはは獣肉・五辛（韮《にら》、葱《ねぎ》、蒜《にんにく》、薤《らっきょう》、薑《はじかみ》）、および穢火《えか》による飲食物、行為として殺人・改葬・発墓・失火、家畜に関しては獣死・獣不具・獣産・獣傷胎などがあげられる。不可抗力の場合も含めて、これらの穢にかかわることを触穢《しょくえ》といって極力避けてきたが、避けえない場合は、穢の主体を隔離したり、禊祓《みそぎはらえ》などを行った。(1)

右によれば、穢れは人体に関しては死、行為としては改葬が含まれています。穢れに関わることを極力避け、避けられない場合は穢れの主体を隔離したとあります。改葬は穢れの範疇に含まれるとなると、穢れの主体である遺骸を隔離することになります。

日光東照宮編『日光東照宮の宝物』の「東照宮を語る宝物」には縁起絵巻『日光道行』の絵があり、輿が一基描かれています。その絵の下には「御遺言により御尊骸は久能山から日光に改葬され(2)」と書かれています。日光東照宮は公式に家康の遺言によって日光に改葬されたと述べています。神柩は二十日間かけて久能から日光に向けゆっくりゆっくりと、まるで見せびらかすかのように運ばれています。『日光山紀行』三月十六日に次のように描かれています。

供奉《ぐぶ》の行列《ぎやうれつ》昨日《きのふ》にかはらず。六十餘國の人。我先《われさき》にと集《つど》ひたるべし。菅笠《すげがさ》を脱《ぬ》ぎて額《ひたい》に手を當《あ》て。神輿を拜《おが》み奉らぬ人なし。(3)

右の記述に従えば、多くの人々は先を競うように神輿の周りに集まり、ひたすら手を合わせ拝んでいる光景になっています。柩から離れるのではなく、逆に近くに多くの人々が集まっている姿が描かれています。しかし柩に遺骸が収まっていたとした場合、本来ならば穢れの主体である遺骸を隔離する必要がありますので、柩に人々を近づけることはしないはずです。人々が穢れてしまうからです。日光説では異常な光景となってしまいます。

(1)『日本大百科全書 8』(小学館 昭和六十一年)一五一頁
(2)日光東照宮編『日光東照宮の宝物』(日光東照宮社務所 平成二十七年)三一頁
(3)烏丸光広『日光山紀行』(『日本紀行文集成 第四巻』所収 日本図書センター 平成十四年)三一七頁

四　葬送儀則と論義法要

日光遷座には天海をはじめ天台宗の多くの僧侶が関わりました。ここでは当時の葬送儀則と論義法要を見ていきます。神道界はむろんですが、仏教界も死に対する不浄観や、遺骸に伴う穢れの感情を持っていました。そのため本堂で行う葬儀儀礼では約束事がありました。約束事とは当時土葬が多かったため、本堂内で葬儀を行う場合、遺骸が収まった柩は本堂の内陣に安置するのではなく、外陣に安置するという葬送儀則です。(1)本堂内での葬儀のことを堂内式葬儀といいますが、その場合外陣に祭壇を内陣向きに設け、その祭壇に柩を安置することになっていました。柩を外陣に安置するということは、死に対する不浄観や遺骸に伴う穢れの感情の表れと見られます。

では、本堂内の内陣と外陣はどのように区別がなされているのでしょうか。まず内陣です。内陣とは本尊を安置している本堂の奥まった場所を指します。内陣をさらに内々陣と内陣に分けている寺院もあります。僧侶はその内陣で読経修法や法要を執り行うことになります。一方の外陣は内陣の外側を指し、拝礼者が座る所となります。密教系の本堂は金堂と礼堂とが一つになった造りになっているため、厳格に内外陣が区別されています。日光遷座では密教系の仙波大堂に神柩が逗留したと『日光山紀行』に書き遺されています。その柩は内陣に安置されたのでしょうか、それとも外陣に安置されたのでしょうか。第六節の「謎解き」のところで見ていきます。

次に論義法要です。仙波大堂で論義法要が営まれたことは『日光山紀行』で確認できました。『徳川實紀』でも次のように書かれています。

廿五日仙波にては川越の城主酒井備後守忠利もよふしにて。今宵衆僧を請じ論義あり。大僧正天海證義つかふまつる。(2)

では論義とはどのようなものなのかを確認します。一言で言えば、仏教の教義を明らかにするための問答で、追善供養のために行われたり、僧侶の階級試験に使われたりするものです。(3)家康は生前各宗派の論義を好み、ここ駿府静岡でも各宗派の論義が行われました。仙波大堂で行われた論義法要は、生前から論義に強い関心があった家康を追善供養するために行われたことになります。では、追善供養はいつ営むものでしょうか。追善供養は亡き人の霊を弔う中陰（初七日～四十九日）以降に営むものです。仙波大堂で営まれた論義法要も中陰以降に相当する追善供養が営まれたと判断できます。論義法要のことについても、第六節の「謎解き」のところで見ていきます。

（1）藤井正雄編『仏教儀礼辞典』（東京堂出版　平成十三年）一一九、一二〇頁参照
（2）『徳川實紀第二篇』（新訂増補『國史大系』所収　吉川弘文館）一二二頁
（3）『ブリタニカ国際大百科事典6』（TBS・ブリタニカ　昭和四十九年）一〇五二頁参照

五　歴代将軍

第二節の『日光山紀行』のところで、謎解きの手掛かりとなる柩を安置した建物と祭祀が分かりました。柩の安置場所は仙波大堂という建物であり、そこで行われた祭祀は論義法要でした。ここでは歴代将軍の葬儀での柩の安置場所と論義法要についてです。二代秀忠から六代家宣までの五代を徳川幕府の正史『徳川實紀』から見ていきます。まず柩です。

【二代秀忠】

『大猷院殿御實紀（1）』巻十九より

・（寛永九年正月廿四日）夜亥刻　大御所大漸に及ばせ給ふ。

・（同年同月廿五日）御遺命には。御葬禮御法會倹約を宗とし。霊牌一の外何も新に製する事あるべからずとなり。（中略）深夜蜜々に幽宮へ納め奉るべしと定らる。

・（同年同月廿七日）亥刻　大御所の霊柩を西城より。増上寺のかりの御まし にうつしまいらせせ。（中略）大葬の式は行はれず。ひそかに三縁山の幽宮に納め奉りしとぞ。

【三代家光】

『厳有院殿御實紀（2）』一巻より

・（慶安四年四月廿六日）東叡山には卯刻　霊柩を発引して。日光山に導き奉る。

・（同年同月廿九日）此日　霊柩山につかせ給ひしは未刻とぞ聞えける。（中略）御柩を行殿に導き奉り。

・（同年五月六日）山には酉刻　霊柩発引し。本坊より三佛堂へうつらせたまふ。（中略）かさねて　御柩を大黒山の巓に収め奉らんとて。

【四代家綱】

『常憲院殿御實紀(3)』巻一より

・（延宝八年五月八日）しかるに遂に大漸に及ばせ給ひしかば。

・（同年同月十四日）霊柩発引により。（中略）霊柩本坊におはします間は。

・（同年同月廿六日）東叡山にて御葬禮行はる。（中略）本坊　御柩前にて諸天讃光明供。九條錫杖ありて。幽宮にわたらせ給ひ。

【五代綱吉】

『文昭院殿御實紀(4)』巻一より

・（寶永六年正月十日）御病牀にいたらせ給へば。はや御大漸に及ばせたまふにより。

・（同年同月廿二日）霊柩を北刎橋より発引せらる。（中略）山の仁王門より假の御座に入奉り。上段に安じ奉る。

・（同年同月廿八日）山にて大葬行はる。（中略）酉刻　霊柩をかりのおましより塋域にうつし奉る。

【六代家宣】

『文昭院殿御實紀(5)』巻十五より

・（正徳二年十月十四日）御病いよいよおもらせられ。遂にこの暁丑刻正寝に薨じたまひぬ。

『有章院殿御實紀(6)』巻一より

・（同年同月廿日）この日申刻　霊柩発引あり。（中略）霊柩寺にいたりつき給へば。龕前堂の假屋にいれまいらせ。廣懺悔行はれ。その後方丈に入まいらせ。

『文昭院殿御實紀(7)』巻十五より

・（同年同月廿一日）廿一日より御法會あり。

・（同年十一月二日）幽宮に収め奉る。

右によれば、次のようになります

①二代秀忠の時は、柩は深夜ひそかに江戸城西の丸から増上寺のかりの御まし（仮の御

座、方丈）に一旦移された。密葬の後、幽宮（お墓）に納められた。

②三代家光の時は、葬儀は寛永寺で行われ、その後寛永寺から日光の行殿（仮の御殿、本坊）に柩と霊柩が移送された。その後御霊が納まった柩（霊柩）は本堂である三佛堂に移され、遺骸が納まった柩は大黒山の嶺に納められた。

③四代家綱の時は、柩は寛永寺の本坊の書院に安置され、そこで葬儀が行われた。

④五代綱吉の時も四代家綱と同様に柩は寛永寺の本坊の書院に安置され、そこで葬儀が行われた。

⑤六代家宣の時は、柩は増上寺の仮に造られた龕前堂《がんぜんどう》に一旦入り、その後方丈に安置され、そこで葬儀が行われた。

そこから見えてくることは、柩は本坊または方丈に安置され、本堂に安置されていないということです。葬儀場は本坊や方丈の書院でした。

では、なぜ本堂に将軍の柩を安置しなかったのでしょうか。

江戸時代は今に比べはるかに穢れの感情が色濃く残っていた時代です。本堂が葬儀場の場合柩は本堂内陣に安置することはできず、外陣に安置する宗教上の約束事、葬送儀則がありました。内陣は本尊が祀られている神聖な場所、将軍の柩であっても内陣に運び込むことはできなかったということです。

次は論義の法要です。

【二代秀忠】

『大猷院殿御實紀[8]』巻十九より

・（寛永九年二月廿八日）増上寺御法會結願により　新廟に詣給ふ。（中略）東叡山にては論義あり。

【三代家光】

『厳有院殿御實紀[9]』一巻より

・（慶安四年五月六日）日光山御法會によてなり。山には酉刻　霊柩発引し。本坊より三佛堂へうつらせたまふ。（中略）両門跡出座論義あり。かさねて　御柩を大黒山の巓に収め奉らんとて。（中略）今夜より中陰の御法事逮夜。論義五番。

【四代家綱】

『常憲院殿御實紀(10)』巻一より

・(延宝八年六月八日)御初月忌により。

・(同年同月九日)山の御法會逮夜。惣論義あり。

【五代綱吉】

『文昭院殿御實紀(11)』巻一より

・(寶永六年正月廿九日)山にては霊位を根本中堂にうつして。逮夜の御法會。

・(同年二月九日)山の御法會。金曼陀羅供あり。

・(同年同月十日)けふの御法會論義あり。

【六代家宣】

『文昭院殿御實紀(12)』巻十五より

・(正徳二年十一月十一日)七七忌。法問。

右によれば、次のようになります。

①二代秀忠の時は、増上寺で法会が終わった日に寛永寺で論義の法要が営まれた。

②三代家光の時は、御霊が納まった柩を本坊より三佛堂に遷した後に両門跡が出座して論義の法要が執り行われた。遺骸が納まった柩は本坊から大黒山の嶺に納められ、その夜から中陰の法事の逮夜《たいや》として五番の論義が営まれた。

③四代家綱の時は、延宝八年六月九日の法会逮夜の日に論義が営まれた。

④五代綱吉の時は、寶永六年正月二十九日に霊位を根本中堂に遷して逮夜の御法會を行った。同六年二月十日の法会として論義が営まれた。

⑤六代家宣の時は、四十九日に法問（論義）が営まれた。

そこから見えてくることは、中陰以降に論義法要が行われていたということです。五代綱吉の場合、寛永寺根本中堂に位牌を遷し、その前で中陰の法要は行われたと記されています。以上のことから、歴代将軍の柩は本坊や方丈の書院に安置され、中陰以降に論義の法要が営まれていたことが確認できます。

（1）『徳川實紀第一篇』（新訂増補『國史大系』所収　吉川弘文館）五三三、五三四頁
（2）同實紀第四篇　四、五、六頁
（3）同實紀第五篇　三五五、三五七，三五八、三五九頁
（4）同實紀第七篇　三、六、七、八頁
（5）同實紀第七篇　二四八頁
（6）同實紀第七篇　二七四、二七五頁
（7）同實紀第七篇　二五一頁
（8）『徳川實紀第二篇』（新訂増補『國史大系』所収　吉川弘文館）五四〇頁
（9）同實紀第四篇　六
（10）同實紀第五篇　三六〇頁
（11）同實紀第七篇　八、九頁
（12）同實紀第七篇　二五一頁

六　謎解き

謎解きの手掛かりは次の四つとなりました。

①家康の柩は仙波大堂に安置された。

②葬送儀則により本堂が葬儀場の場合、柩は本堂内陣に入れず、外陣に置かれた。
③仙波大堂では中陰以降に相当する論義法要が営まれていた。
④歴代将軍の柩は本坊・方丈の書院に安置され、中陰以降に論義法要が営まれた。

この四つの手掛かりをもとに謎解きしていきます。

前提条件
日光説　柩に遺骸が収まっていた。
久能説　柩に御霊（鏡）が収まっていた。

手掛かり①　家康の柩は仙波大堂に安置された。

川越市立博物館の図録『徳川家康と天海大僧正』「第二章　喜多院と仙波東照宮」には大堂のことが書かれています。(1)元和三年に家康の霊柩を四日間安置した仙波大堂は寛永十五年（一六三八）の大火で焼失し、同十七年に三代将軍家光の力によって再建されたとあります。大堂は明治期に入ると寛永寺に移築され、寛永寺の根本中堂（本堂）となります。今も現存しています。移築前の大堂の内々陣は土間でしたが、移築後は畳敷きに造り替えられています。

大堂の内部はどうなっていたのでしょうか。慶長・元和期の大堂は焼失していて現存していませんが、焼失後直ちに再建されていますので、内部の様子は寛永寺に出向けばその構造が分かります。また喜多院には天保十二年（一八四一）の「喜多院境内図」が遺されています。境内図は同図録に掲載されていますので、転写してみました。

大堂（薬師堂）は七間四面の規模の建物であることが分かります。慶長・元和期に存在していた大堂は関東天台の中心寺院としての地位を確立した時の建物ですから、寛永期に再建された規模と遜色のない建物と想定されます。また、内部の構造は密教寺院共通した造りになっていますので、天保十二年に描かれた内部と同様の構造であったと判断できます。

「喜多院境内図」に描かれている大堂（薬師堂）は、須弥壇《しゅみだん》がある内々陣と僧侶が仏教儀礼を行う内陣、そして内陣の周りを囲む一般拝礼者が座る外陣の三つに分かれています。家康の柩は仙波大堂の内々陣、内陣または外陣のどこかに安置されたことになります。

仙波喜多院境内図

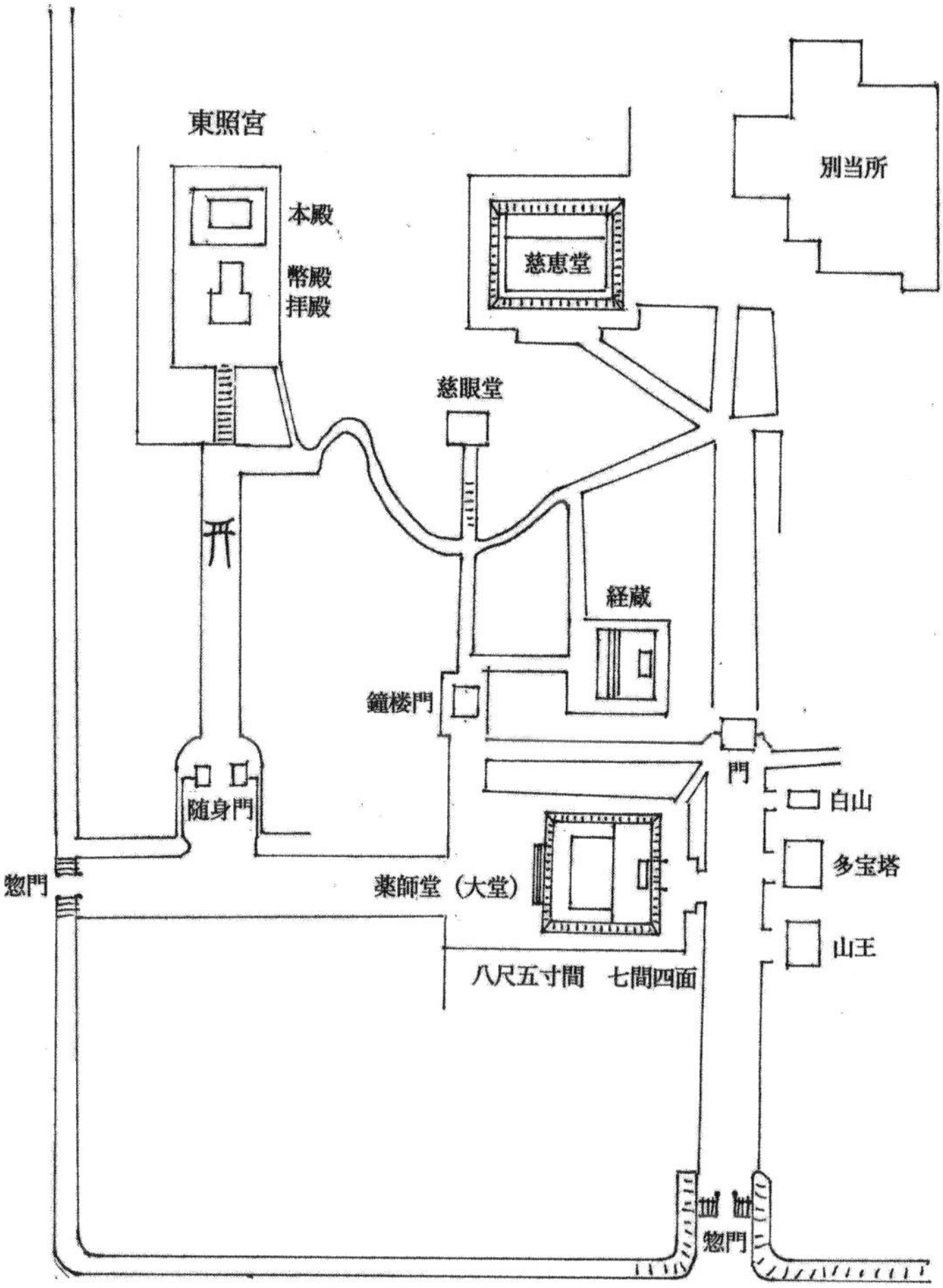
東照宮
本殿
幣殿
拝殿
慈恵堂
別当所
慈眼堂
経蔵
鐘楼門
門
白山
多宝塔
山王
随身門
惣門
薬師堂（大堂）
八尺五寸間　七間四面
惣門

手掛かり②　葬送儀則により、本堂が葬儀場の場合柩は本堂内陣に入れず、外陣に置かれた。

葬送儀則に従えば柩は内陣に安置できません。柩は外陣に置かれることになります。その約束事をそのまま当てはめれば、柩は仙波大堂の外陣に安置されたことになります。それでは柩すべてが外陣に安置されたということになるのでしょうか。実は柩の中身によって安置場所が変わってくると考えられるのです。ここが日光改葬の肝になるところです。

日光説の柩は遺骸が収まっています。穢れの感情を発生させる遺骸の影響は大きく、もし遺骸が収まった柩であれば、葬送儀則の通り外陣に安置されます。問題は久能説の場合です。柩には御霊のみが収まっています。遺骸はありません。穢れの感情は起こりません。次のようになります。御霊は神聖⇩柩も神聖⇩柩は内陣または内々陣に安置する。その結果、柩の安置場所は日光説では外陣、久能説は内陣または内々陣となります。

手掛かり③　仙波大堂では中陰以降に相当する論義法要が営まれていた。

仏教儀礼を行う場所は内陣ですので、論義法要も内陣で営まれることになります。論義法要は遺骸を前にして行う葬儀とは異なり、霊位を前に置いて中陰以降に行う儀式であることが歴代将軍の例からも分かっていますので、久能説の柩の安置場所は最も神聖な場所、須弥壇のある大堂内々陣に安置されることになります。

論義法要が行われた大堂内部のイメージ図を次頁に載せました。一つは日光説の平面図（平面図1）、もう一つは久能説の平面図（平面図2）です。このイメージ図は僧侶が座る位置と柩の安置場所を示したものです。

まず僧侶の座る位置です。内陣正面の左右に相対して講師と読師が登る一段高い講座が据えられ、向かって左に講師が着座し、右に読師が着座します。論義法要を主導する導師の座は内陣の中央に据えられ、その座に天海が着座します。問者はその周辺に座り、問答が始まります。

次に柩の安置場所です。日光説は外陣、久能説は内々陣です。

平面図１ 仙波大堂 論義法要のイメージ
日光説（柩に遺骸が収まる）
◎天海 ●講師、読師 ○問者

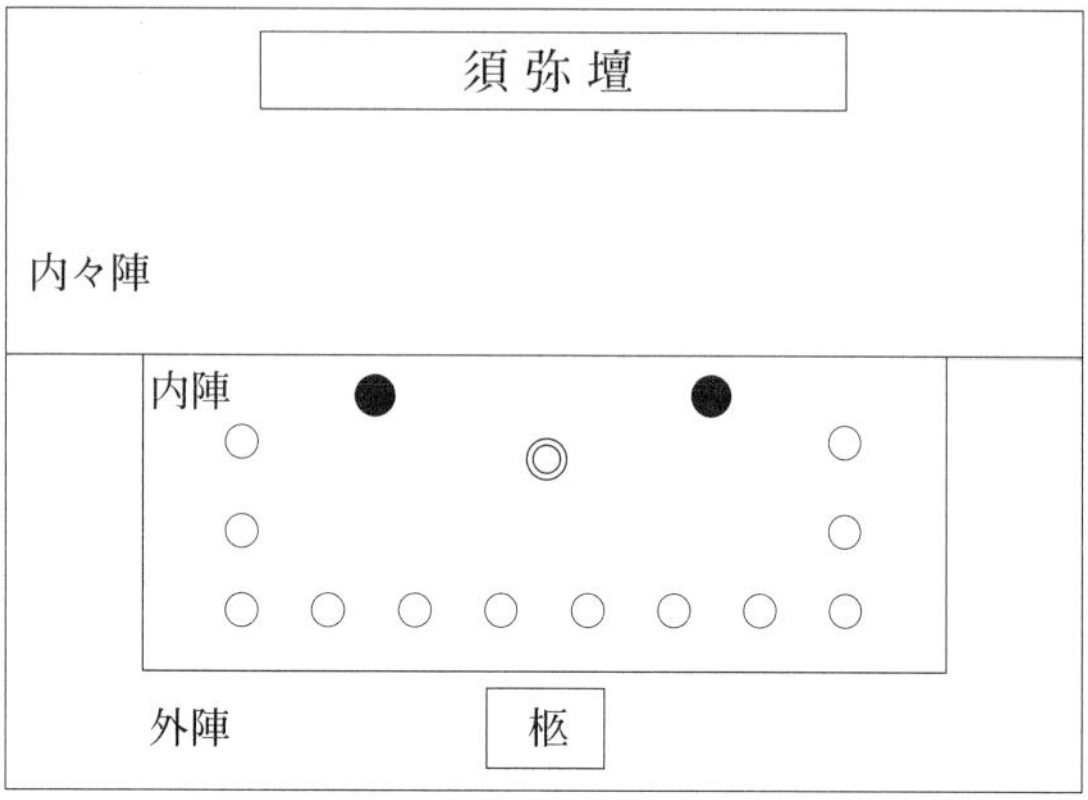

平面図２ 仙波大堂 論義法要のイメージ
久能説（柩に御霊が収まる）
◎天海 ●講師、読師 ○問者

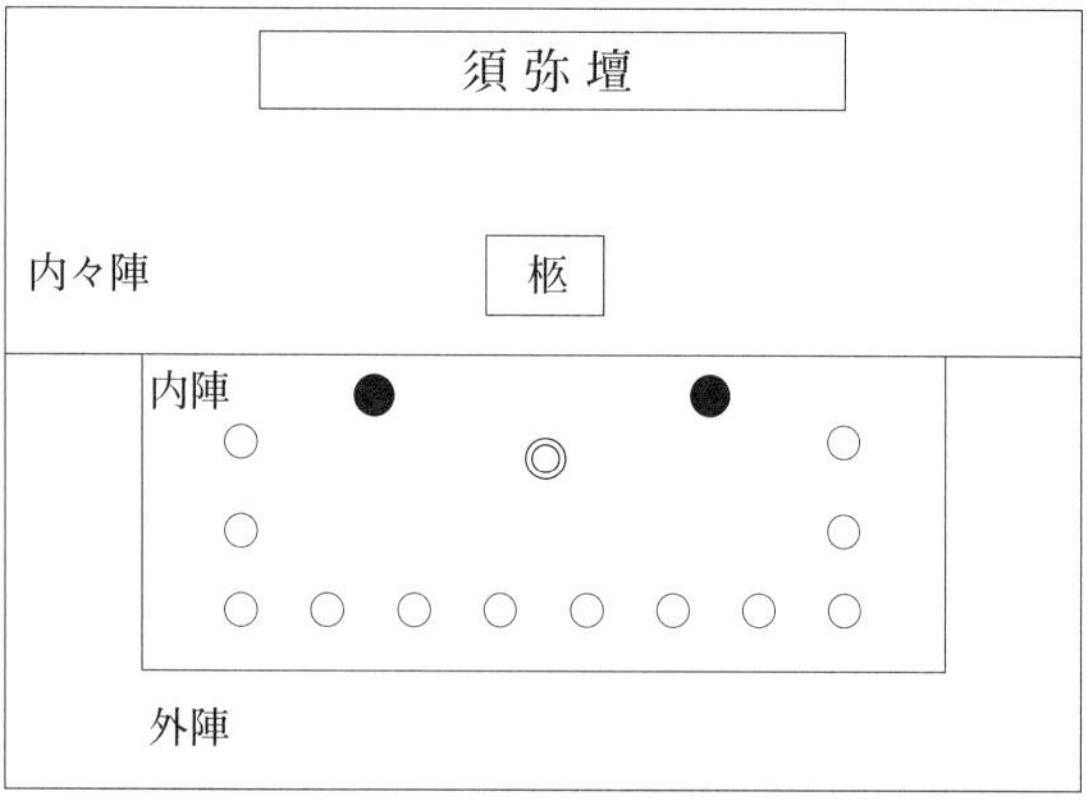

このイメージ図によって、次のような違いが見て取れます。
日光説　天海はじめ僧侶は家康の柩を背にして論義法要を執り行った。
久能説　天海はじめ僧侶は家康の柩に向いて論義法要を執り行った。

日光遷座では逗留した先々で丁重な法要を営んでいますので、仙波大堂でも丁重な法要が営まれたことになります。では、丁重な法要とはどのようなものでしょうか。日光説のように天海はじめ僧侶が柩に背を向けて法要を営むのではなく、久能説のように内々陣の柩に向いて法要を営むことです。

そもそも論義法要は御霊を供養するための法要です。堂内葬儀のようにわざわざ拝礼者が座る外陣に柩を安置して、その柩の中に収まった家康の御霊を供養することはないのです。家康の御霊は最も神聖な場所大堂内々陣に祀られる以外に選択肢はないのです。ということは、柩は内々陣に安置されたことを意味します。内々陣に柩が安置されたとなれば、その柩の中に家康の遺骸は収まっていないと証明できるのです。

手掛かり④　歴代将軍の柩は本坊・方丈の書院に安置され、中陰以降に論義法要が営まれた。

将軍の葬儀は本堂で執り行われていませんでした。幕府と寺院は将軍の柩を拝礼者の座る本堂外陣に安置することを避けていました。そのため本坊・方丈の書院を葬儀場とする必要があったのです。本坊・方丈の書院で葬儀が執り行われた後、本堂内陣を仮位牌所にして位牌が祀られ、中陰以降の法要を営み、その中で論義法要も営まれていたとなります。

歴代将軍の柩と論義法要の実態を見てきますと、次のことが分かってきます。

①　歴代将軍の柩は将軍の遺骸が収まっていたから、本堂に安置できなかった。

⇩　日光遷座の柩は家康の遺骸が収まっていなかったから、仙波大堂に安置できた。

②　歴代将軍の論義法要は将軍の御霊を供養するために営まれた。

⇩　仙波大堂の論義法要は、家康の御霊を供養するために営まれた。

歴代将軍の祭祀は日光遷座の柩に家康の遺骸がなかったことを傍証しているのです。

日光改葬の謎解きには、論証過程、すなわち根拠と論拠が重要です。根拠は主張の裏付けとなる事実を指しますので、誰でもが確認でき納得できるものでなければなりません。根拠は謎を解明する出発点であり、謎を解き明かす鍵を握っています。次に論拠は論者の考え、解釈を指しますので、多様な考え、解釈が生まれ、議論が起こります。ここで根拠→論拠→解明の順に従って日光改葬の謎解きをまとめます。

【日光改葬の謎解き】

（根拠）

①遺骸が収まった柩は本堂内陣（内々陣）に安置できない。

②論義法要は御霊を供養するために営まれる。

③家康の柩は仙波大堂に安置され、論義法要が営まれた。

（論拠）

①家康の遺骸が収まった柩は仙波大堂の内々陣に安置できず、論義法要も営めない。

②論義法要を営むには、家康の御霊を内々陣に祀る必要がある。

③家康の御霊を内々陣に祀るには、神柩を内々陣に安置する必要がある。

（解明）

①家康の神柩に遺骸は収まっていなかった。

②天海の鋤鍬の話は虚構であった。

③家康の遺骸は久能山東照宮の神廟に埋葬されている。

（1）『徳川家康と天海大僧正』（川越市立博物館　平成二十九年）四三頁参照

七　天海の思惑

烏丸光広はなぜ『日光山紀行』の中に家康の遺骸も日光に遷したと思わせるトリックを仕込んだのでしょうか。その訳は天海の思いを汲み取ったためだと考えています。天海の思いとは山王一実神道の世界を日光で実現させることです。日光の墓の中に薬師のもとに戻った家康が眠っている、本殿には代わりに世に遣わされた神となった東照大権現が祀られているという世界です。そのためには日光に墓と遺骸が必要だったのです。

しかし久能山に遺骸を埋葬せよという絶対に守らなければならない家康の遺言がありま

した。二代将軍秀忠は無論のこと、側近・重臣もこの遺言に従いました。そのため家康の遺骸が日光に遷ったかのように思わせるトリックしか残されていませんでした。元々「改葬」は最たる穢れの範疇です。『日光山紀行』の冒頭に吉例とされた藤原鎌足改葬の故事を組み入れたのも、穢れの感情を消し去り、日光改葬が吉祥の改葬であるかのように思わせるための仕掛けだったのです。藤原鎌足改葬の話はあくまで故事であり、後世の俗説と言われています。谷秦山《たにじんざん》の『新蘆面命《しんろめんめい》』に天海の人物像が次のように描いています。

南光坊高才利口、人の説を屈する事如レ神(1)

『新蘆面命』は谷秦山が渋川春海から聞いた天文・暦学・測量・神道・有識などの話を書き遺した江戸中期の旅日記のことですが、この一節を読むと天海は頭の回転が速く、相手の話を折り曲げてしまうほどの超人的な能力の持ち主だったと分かります。神号の問題や日光改葬のトリック、仏教界の頂点に君臨する寛永寺の創設など数々の事績を見ていきますと、天海に対する人物評に納得してしまいます。

久能には天海が作った「あればある　なければなしと　するがなる　くのなき神の宮《みや》

遷《うつ》しかな」の歌が遺されています。これまでこの歌の意味するところが分からず、謎めいた歌と呼ばれていました。落合宮司はこの歌を「尊体なき宮遷し」と読み解きしたのです。天海は敢えてこの歌を久能に遺したということは、久能の神廟に眠っている家康に対して「形式的な遷葬です」と申し上げるための歌だったのではないかと考えています。

（1）『新蘆面命』（『三十輯』第二續三十輯巻七　所収　國書刊行會　大正六年）一四九頁

八　家康の想い

徳川家康は、七十五年の生涯のうち三分の一の二十五年間をここ駿府静岡の地で過ごしました。静岡市教育委員会編集の『大御所徳川家康の城と町』に『廓山和尚供奉記』が載っています。そこには家康が駿府に移り住んだ理由が出ており、第一の理由に「私が幼少の時この駿府に住んでいたので、おのずと故郷のように感じて、忘れることができない(1)」とあります。

家康は駿府が故郷であるとの想いを強く持っていたようです。征夷大将軍の職を秀忠に譲った後、大御所として駿府に戻ってきました。家康は駿府を日本の実質的な首都として最高の城と町を造り上げました。大御所時代の十年間は海外との外交など日本の最高権力者に相応《ふさわ》しい数々の業績を遺し、人生の総仕上げとして天下泰平の礎を築き上げました。さらに死後も「駿府城の本丸」と言い残した久能に遷り、神となって日本の行く末を見守ってきました。

久能山東照宮の蟇股《かえるまた》彫刻には家康のメッセージが遺されています。最も伝えたかったメッセージ「命を大切にせよ」は拝殿正面中央上部の蟇股にあります。それは「司馬温公の瓶割りの図」の彫刻です。司馬温公が子供の頃、水瓶に落ちた友達を助けるために大切な水瓶を割って救い出します。その話を聞いた父親は水瓶を失ったことより友達の命を救ったことを褒めたという逸話です。応仁の乱から百五十年間戦乱によって多くの尊い命が奪われてきました。戦国時代を生き抜き戦乱の世を終わらせた家康は、二度と戦乱の世に戻してはいけない、尊い命を守りたいとの強い想いがありました。その想いを「司馬温公の瓶割りの図」に託し、二百六十年という世界に類を見ない平和な江戸時代に繋がりました。家康の生きざまを見ると、やはり「神君家康公」であったと感服してしまいます。

（1）『大御所徳川家康の城と町』（静岡市教育委員会　平成十一年）一一二頁

九　まとめ

日光東照宮と久能東照宮は江戸時代「東照大権現」をお祀りしていましたが、明治の神仏分離令により、現在「東照大神」をお祀りしています。江戸時代の東照宮は江戸幕府とともにあり、それぞれ課せられた役割は異なっていました。日光東照宮は一般に公開するパブリック的な役割、久能山東照宮は徳川家のプライベートな役割と分かれていました。日光に家康の遺骸も埋葬されているかのように装う必要もありました。なぜならば、江戸幕府の宗教政策は日本中の耳目を日光東照宮に集中させ、東照宮の威光を日本中に示すことにあったからです。

将軍の日光社参は有名ですが、東照宮ができて二百五十年の間日光社参したのはわずか十九回だけです。将軍は長い間江戸城内の紅葉山東照宮に参詣していました。しかし明治維新によって江戸幕府は瓦解、江戸城を明治新政府に明け渡すため紅葉山東照宮は取り壊されました。家康の命日に徳川宗家当主が参詣するところは紅葉山東照宮から久能山東照宮に変わったのです。

現在我々が目にする日光東照宮の社殿は、三代家光によって大造替されたものです。世界遺産に指定された豪華絢爛な建造物を巡ると、江戸幕府の圧倒的な権力と権威を感じざるを得ません。一方の久能山東照宮社殿は二代秀忠によって造営され、当時の技術の粋を集めて造られた建造物です。日光東照宮と比べれば小ぶりで地味なイメージに映りますが、家康お抱え大工頭中井正清が精魂かけて造り上げた最晩年の建造物として国宝に指定されています。

「百聞は一見に如かず」という諺《ことわざ》があります。百回聞くより、たった一度自分の目で見たほうが確かということですが、その一方で目から入った第一印象による弊害もあります。その弊害とは思い違いです。その一つの例が東照宮だと考えます。多くの方は日光東照宮と久能東照宮とを見比べた場合、「日光の方が遥かに豪華で素晴らしい。立派な墓もある。家康が眠る地は日光だ」と受け取ってしまうことです。それも無理からぬことで、日光に日本中の耳目を集めようと三代家光の寛永期に日光の社殿を大造替し、圧倒的な存在の建造物に造り替えたからです。当時もイメージ戦略があったのです。視覚で訴えるやり方は東照大権現顕彰事業の中で最大限に発揮されました。「日光を見ずして結構と言うなかれ」

という諺があるように、日光東照宮は多くの人に参詣してもらうための東照宮となったのです。今もその魔力を持ち続けています。

本書の目的は視覚的考察ではありません。文献史学と宗教学からの考察にあります。史料の対象を元和二、三年に書き遺された史料を中心にしました。というのも、三代家光の寛永期以降に家康と東照宮にまつわる書物が多く作られていますが、後年になればなるほど後付けの歴史が積み重なってくる危険性があるからです。当時の史料として『本光國師日記』、『日光山紀行』、『舜旧記』、『慈性日記』を挙げることができます。『本光國師日記』は最側近の崇伝が天海や本多正純と共に家康の遺言を聞いた記録が遺されていること。『日光山紀行』は公卿の烏丸光広が日光遷座に同行した時に書かれた唯一の記録であること。『舜旧記』は吉田神道の梵舜が久能の神葬祭を直接取り仕切った時の記録が遺されていること。『慈性日記』は天海自身がほとんど記録を遺さないなか、慈性が天海と行動を共にした当時の記録が遺されていることです。また『東武實録』と『徳川實紀』は幕府の正史として欠かすことのできない史料です。これらの史料を中心に考察しました。次に宗教学からの考察です。江戸幕府や宗教者の穢れの意識や葬送儀則、そして論義法要を中心に考察しました。さらに現地調査からの考察です。関係する寺社に直接足を運ぶことで、書物からは掴むことのできない貴重な情報を入手することができました。
増上寺は昭和三十三年から三十五年にかけて、専門家による墓所の学術的な調査が行われています。日光と久能の東照宮でも科学的な調査ができないのかという声をよく耳にしますが、現実は難しい話です。そうした状況のなか、第一章で徳川家康埋葬地論争を取り上げ、日光説と久能説の根拠や論拠を確認する作業を行いました。その結果は両東照宮の拠って立つ基盤が異なるため、家康の遺骸や御霊に対する解釈も異なることでした。批判を恐れずに述べるとすれば、日光説には裏付けとなる根拠を見つけにくいことです。久能説の根拠は次のようになります。

【史料】

・第一級史料『本光國師日記』に書き遺された家康の遺言に「臨終候ハ、御躰をハ久能へ納」とある。
・『舜旧記』に久能の仮殿内々陣に御神体である鏡が納められたとある。
・『徳川實紀』に日光遷座二カ月後の月命日に二代将軍秀忠は久能に参詣したとある。

【現場・現物・現実】

・久能山東照宮の神廟（墓所）は日光よりも先に造られ、さらに二十五年後日光よりも先に荘厳な石造りに造り替えられている。
・徳川宗家当主は毎年家康の命日に久能山東照宮の神廟にお参りしている。

第二章では日光改葬の謎を独自の視点から解明してきました。第一章と同じく根拠と論拠に基づく謎解きです。その謎を解く鍵は「穢れ」にありました。穢れの感情により遺骸が収まった柩は本堂内陣（内々陣）に安置できなかったことです。「穢れ」は謎解きの最大の鍵を握っていました。次に論義法要です。この法要は御霊を供養するための法要です。そのため御霊を祀る場所は内陣（内々陣）となります。この二つの事実を『日光山紀行』に書き遺された事柄、家康の神柩は仙波大堂に安置され、論義法要が営まれたことと突き合せしました。その結果、謎が解けたのです。神柩に家康の遺骸は収まっていなかった。天海の鋤鍬の話は虚構であり、家康の遺骸は久能山東照宮の神廟に埋葬されている、と分かったのです。歴代将軍の葬儀はそのことを傍証してくれました。

謎解きの旅は終わったようです。

徳川家康は今も久能の地から日本を見守り続けている!!

付　章　久能山東照宮探求

東照宮の根本大社である久能山東照宮は歴史文化の殿堂です。この章では久能山東照宮の見どころを探求します。

一　社殿と神廟

久能山東照宮の「本殿・石の間・拝殿」は、平成二十二年（二〇一〇）十二月に国宝に指定されました。中井正清が大工棟梁として関わり、日本最古の東照宮建築として、全国に創建された東照宮の原型となっています。日光東照宮に比べると一見地味で小ぶりな東照宮に見えますが、江戸初期の粋を集めた貴重な建造物となっています。

西向に建てられた神廟には家康が埋葬されています。当初は木造でしたが、家光時代に石造の宝塔に造り替えられました。十五代続いた徳川将軍家祖廟にふさわしい墓といえます。

二　榊原照久の墓と官位

榊原照久は家康より久能山東照宮の神職を司るように遺言され、秀忠によって任命されました。三十年間神職を務め上げ、正保三年（一六四六）八月七日に六十三歳で亡くなっています。墓は久能山下の照久寺（現在は宝台院別院）にあります。照久の遺言に従って墓は東照宮に向いて建てられ、今も照久は久能山の麓から家康を守っています。

榊原照久は元和八年（一六二二）六月二十日に朝廷から従二位という大変高い官位を任じられています。家康を祀る久能山東照宮の格式を伊勢神宮と同格に持って行こうとする秀忠の並々ならぬ意志が、照久の官位から読み取ることができます。

三　家康のメッセージ

拝殿の正面中央上部に「司馬温公の瓶割りの図」の蟇股彫刻があります。司馬温公は子供の頃水瓶に落ちた友達を助けるために大切な水瓶を割って救い出します。その話を聞いた父親は水瓶を失ったことより友達の命を救ったことを褒めたという逸話が題材となっています。

応仁の乱から百五十年近くの間荒廃した時代が続き、多くの尊い命が奪われてきました。戦国時代を生き抜き戦乱の世を終わらせた家康は、二度と戦乱の世に戻してはいけない、尊い命を守らなければならないとの強い想いがありました。拝殿正面中央の蟇股には家康が最も伝えたかったメッセージ「命の大切さ」が刻み込まれています。

四　刀剣

1　ソハヤノツルキ　ウツスナリ（御神宝刀）

久能山東照宮の第一神宝とされています。家康の指料であるこの「三池の太刀」は、無銘ながら三池典太光世作と伝えられ、家康臨終の際に不穏な動向のある西国に切先を向けるように言い遺した太刀です。御神体同様の取り扱いとなっています。幕府にとっても第一の重宝でした。日本刀鑑定の第一人者である渡邉妙子佐野美術館理事長は、著書『名刀と日本人』の「第二章　幕府を守る」の中でこのソハヤノツルキは幕府を守る太刀として紹介しています。

2　真恒の太刀（奉納刀）

久能山東照宮博物館では、この太刀を次のように紹介しています。

国宝　太刀　銘　真恒《さねつね》　久能山東照宮蔵

国宝の太刀の中でも、「筆頭に数えられる」「横綱格の太刀」と評されてきました。真恒は平安時代後期から活躍した古備前派の代表的な刀工で、この太刀は刀身が細身ながら手元に近い腰で強く反り、鋒に近づくにつれ直線的になる優美な姿をしています。

古備前派の特徴である華やかな刃文が現れており、直線にやや乱れのある「小乱れ」と「互の目」がかかった波打つ文様が美しく、鋒の刃文である帽子にはさざ波の様な模様（のたれ）が浅く入り、先が棟側へと品よく丸く返っています。然し乍ら、これら等の美しさと品格を凌駕する、刀長八九・七五センチ・メートルという群を抜いた長大さによって、雄大豪壮なファーストインパクトが見る者を魅了するのも事実です。

そして最大の注目は、腰に研磨していない生《う》ぶ刃《ば》が残っていることです。つまりこの太刀は刀工が打って焼き入れして研磨した其のままの状態で、武器として一度も使用されずに神に捧げる清浄な太刀として用いられた「神宝刀剣」なのです。故に無類に優れた出来を極めて健全に今日まで保存されてきたのです。

渡邉妙子理事長は『名刀と日本人』の「第二章　幕府を守る」の中で、この太刀をソハヤノツルギ同様「幕府を守る」太刀として紹介しています。「秀忠は、この類まれな名刀に神君への思いを重ね、徳川幕府の安寧を祈って進献したに違いない[1]」と説明しています。「家康の所蔵ではない新たな太刀を調達して進献した[2]」この太刀は「目《め》垢《あか》の付いていない、しかも天下の名刀[3]」でした。真恒の太刀は、まさに「国宝の中でも筆頭、まさしく横綱格です。平安時代末期、備前国のあまたの名工たちが高度な技術を競い、ようやく完成された日本刀の代表作(4)」として、渡邉妙子理事長は最大級の評価をしています。

（1）渡邉妙子『名刀と日本人』（東京堂出版　平成二十四年）一〇〇頁
（2）（3）（4）右同書　九九頁

3　奉納刀拵と研磨

『久能山誌』（静岡市）の中で「美術工芸品として特筆すべきは、これら将軍家の奉納刀には糸巻太刀《いとまきたち》拵《こしらえ》が附随している(1)」ことだとして、次のように書かれています。

二代将軍徳川秀忠《ひでただ》が元和三年（一六一七）に奉納した太刀拵から、一五代将軍徳川慶喜《よしのぶ》が慶応三年（一八六七）に奉納した太刀拵までの、江戸時代の初めから終わりまでの年代毎の糸巻太刀拵が揃い、武家の棟梁たる将軍家の儀仗太刀拵の変容が判明する(2)

右のように二代秀忠から十五代慶喜までの糸巻太刀拵が揃っていることを高く評価しています。また、同誌において江戸時代の研磨も取り上げ、「江戸時代の研磨を当時のまま保存し、しかも研師《とぎし》の名前と研磨時期が正確に記録されているのは極めて稀である(3)」として、江戸時代の研磨の希少性も評価しています。ここ久能山東照宮は奉納刀拵コレクションと江戸時代の研磨をセットで鑑賞できる貴重な場所となっています。

(1)『久能山誌』(静岡市　平成二十八年)三〇三頁
(2)右同誌　三〇四頁
(3)右同誌　三〇五頁

五　甲冑

1　家康の歯朶具足《しだぐそく》

『図録・博物館　徳川家康と駿府大御所時代』(静岡市)では、家康の歯朶具足を家康のゆかりの品として紹介しています。この具足は関ケ原の戦いに勝利し、大坂の陣でも常に近くに置いて勝利したことから「吉祥《きっしょう》の鎧(1)」と呼ばれています。

この歯朶具足は徳川将軍家の武具筆頭の具足となっています。平成十九年十月に東京国立博物館平成館で開催された「大徳川展」でトップに展示されたことからもそのことが分かります。家康死後二代秀忠によって久能山東照宮に納められましたが、三代家光の時代に入って江戸城に移され、嫡子着初めの儀式には必ずこの鎧が用いられたと言われます。この歯朶具足は、明治二十七年（一八九四）に徳川宗家十六代徳川家達氏の決断により二百四十七年ぶりに久能山東照宮に戻って来ました。家康の霊力によって久能に戻されたのではないかと感じてしまいます。

（1）『図録・博物館　徳川家康と駿府大御所時代』（静岡市　平成二十年）四頁

2　全将軍の甲冑《かっちゅう》

江戸城の紅葉山神庫や具足蔵に保管されていた徳川将軍・準将軍の具足六十三領は久能山東照宮博物館に納められています。慶喜が奉納した具足と合わせて、初代将軍家康から十五代将軍慶喜までの全将軍の甲冑が揃いました。徳川二百六十年の歴史を映し出す全将軍の甲冑が揃うのはここ久能山東照宮だけです。

3　具足祭

毎年二月十六日恒例の春季大祭の前日に、天下泰平と五穀豊穣を祈る「御具足祭」が拝殿で営まれています。江戸時代、武家において正月に具足を飾る祝う伝統行事がありました。久能も元旦から十六日まで具足に鏡餅、菱餅など供える具足飾りを行っていたとのことです。明治時代に一時途絶えたようですが、御鎮座三百五十年祭の前年昭和三十九年に復活しました。全国的に見てもこの具足祭は珍しい祭と言われています。

六　家康の遺品

1　家康の西洋時計

『徳川家康　没後四百年』（別冊太陽）にこの時計のいわれが書かれています。

一五八一年、スペインのマドリッドでハンス・デ・エバロが作製。属領であるフィリピンのドン・ロドリコ総監らの海難救助の謝礼としてスペイン国王・フィリップ三世から贈られた。(1)

この時計は世界的に見ても非常に貴重な時計であると、自ら調査した大英博物館のキュレーター、デビット・トンプソンさんは大絶賛しています。『久能山東照宮所蔵の西洋時計　国宝への祈り』の中に同氏の記念講演内容が掲載されており、次のような興味深い話があります。

この西洋時計は唯一の誰もが疑うことのできない真実の物語を持っています。（中略）この時計はさまざまな歴史的根拠によって、当時のヌエバ・エスパーニャ（新スペイン、現在のメキシコ）から持ち込まれ、スペイン国王の贈り物として徳川家康にもたらされたものであることを誰も疑うことはできません。(2)

右に従えば、この時計は真性の物語を持っているということになります。日本と西洋の懸け橋となる世界的お宝がここ久能に遺されているのです。大変な驚きです。今この時計を国宝にしようと、落合宮司は文化庁の助言を受けながら国内での学術的価値を高める活動をされています。この時計が国宝となれば、時計第一号の国宝指定となります。

（1）別冊太陽『徳川家康　没後四百年』（平凡社　平成二十七年）九八頁
（2）『久能山東照宮所蔵の西洋時計　国宝への祈り』（久能山東照宮　平成二十九年）二七頁

2　家康の手澤品《しゅたくひん》

『久能山東照宮博物館一〇〇選』（久能山東照宮博物館）に、次のように書かれている。

家康の遺品は、（中略）家康の平生の趣向を反映したものが多く、大半は慶長十二年（一六〇七）十二月の駿府城炎上以降の愛用と推測される。いわゆる大御所時代の駿府生活の一端が窺える日常手澤品である。中でも、家康が西洋諸国との外交・交易で得た舶載の品々（西洋時計・洋鋏・鉛筆・けひきばし・目器・びいどろ壺等）は、進取に富んだ家康の人柄を知る好個の資料群となっている。(1)

このように当宮には家康が駿府城で愛用した品々が納められています。質、量ともに充実しており、大御所時代の生活ぶりと家康の人柄を窺うことができる貴重な品々になっています。

（1）『久能山東照宮博物館一〇〇選』（久能山東照宮博物館　平成七年）八、九頁

七　慶喜の遺品

1　一橋家時代から十五代将軍時代

一橋家相続以来の召領と伝えられる具足「卯花威胴丸」、禁裏守衛総監時代孝明天皇から拝領した菊桐紋絲太刀巻「刀　銘　平安城長吉作　歴應二年八月日」、十五代将軍時代の愛用品「葵立湧蒔絵陣笠」、フランス皇帝ナポレオン三世から贈られてきた軍帽・鞍下が当宮に納められています。幕末の激動の時代を生き抜いた貴重な遺品となっています。

2　静岡時代

慶喜は明治維新後三十年間ここ静岡の地で過ごしました。一切政治の世界に関わらず趣味の世界に没頭していたように映りますが、実は前将軍の影響力を自ら消し去り、明治天皇を陰ながら支えようとした三十年間でありました。静岡時代を映し出すプレモカメラ・

パノラマカメラ、西洋風景・日本風景の油絵、支那刺繡の煙草入が当宮に納められています。

あとがき

落合宮司の発言から十七年が経過した令和元年十二月に、興津諦氏の著書『余ハ此處二居ル』が静岡新聞社から出版されました。副タイトル「家康公は久能にあり」、帯には「日光改葬はトリックだった。四百年の時を経て解明される。家康と久能山のミステリー」と書かれています。久能側の著書が初めて誕生しました。さらに同月同書の内容をベースに静岡放送（ＳＢＳ）から「余ハ此処二居ル～家康公墓所の謎～」が放映され、静岡は一気に埋葬地論争で盛り上がっています。

『謎解き⁉ 徳川家康の墓所』は興津氏の著書とは切り口は異なりますが、家康埋葬地の謎に迫ろうと書き上げたものです。どうにか落合宮司の考えと同じ答えが導き出せたのではないかと思っています。最初の書き物は拙冊『家康公と久能山東照宮神廟の謎』でした。平成十四年の落合宮司の発言に触発され、いつかは自分の手で調べてみたいという思いに駆られまとめ上げた冊子でした。それはただ単に家康ファンであっただけではなく、以前から私の心の奥底に潜んでいた静岡人としてのアイデンティティを探し求める想いが自身を突き動かしたからかもしれません。幸いにも拙冊は平成三十年六月久能山東照宮に奉納することができました。それからはや一年半の歳月が流れました。

自分の能力を顧みずに一大決心し、関係する神社仏閣、図書館、博物館などに足を運び、謎解きに繋がる手掛かりを本格的に探し求めたのは平成二十八年七月頃からでした。最初は手探り状態が続き、まるで出口の見えない暗いトンネルに入り込んでしまったような錯覚に陥るほどでした。それでも微かに出口が見えはじめ、暗中模索の末にどうにか辿り着きました。その先に見えたのが落合宮司の言われた「久能に家康公が眠っている」という景色だったのです。

自分の見た景色を文字として残しておきたいとの衝動のままに、一気に拙冊の原稿を書き上げました。当初考えていた目標が達成できました。今度はこの原稿を落合宮司に読んでいただき、批評をいただくことはできないかとの思いが募ってきました。御多忙な宮司ですが、ありがたいことに快く私の願いをお受けくださり、貴重な批評と助言を得ることができました。

拙冊奉納後、落合宮司と興津諦氏のお力によって記者会見の席が設けられ、静岡放送、読売新聞そして朝日新聞で取り上げていただきました。思いの外反響もあり、私の説を聞いてみたいとのお話もいただき、自説を話す機会にも恵まれました。

このような経緯を辿るなかで、拙冊を改めて読み返してみると、自分の思いが十分に書き表せなかった箇所や補足すべき箇所が数多くあることに気付きました。落合宮司からは「さらに研鑽を積んで一冊の本にまとめ上げ、多くの方に読んでもらったらどうか」というお話もいただきました。その言葉に励まされ、非力ではありますが今回一冊の本としてまとめ上げました。落合宮司には巻頭を飾っていただきました。心より感謝を申し上げます。

この本を通じて多くの方々に、家康の想いが詰まった久能山東照宮の魅力と歴史の醍醐味を今まで以上に感じていただくことができればと願う次第です。

最後に本書を出版するに当たって、静岡放送株式会社の榛葉英二常務取締役、株式会社静岡新聞編集局の庄田達哉出版部長から多くのご教示をいただきました。この場を借りてお礼を申し上げます。

令和二年一月吉日

桜井　明

参考文献

一　史料

『神社明細書　縣社東照宮』久能山東照宮　明治二十一年頃
『慈眼大師全集』寛永寺　大正五年
『新蘆面命』（『三十輯』第二續三十輯巻七　所収）國書刊行會　大正六年
『日本耶蘇會年報』（『大日本史料』第十二編之二十七 所収）東京帝國大學 大正十五年
『徳川實紀』（新訂増補『國史大系』所収）吉川弘文館　昭和三十九年～四十一年
『本光國師日記』続群書類従完成会　昭和四十一年～四十六年
『東武實録』史籍研究会　昭和五十六年
『史料纂集　舜旧記』続群書類従完成会　昭和五十八年
『史料纂集　慈性日記』続群書類従完成会　平成十二年
烏丸光広『日光山紀行』（『日本紀行文集成　第四巻』所収）日本図書センター　平成十四年

二　著作・論文

榊原照求『久能山雑識』明治二十六年
宇都野正武『久能山小誌』明治四十一年、大正元年

仁科壽玄編『久能山　別格官幣社東照宮記』昭和五年
鈴木尚・矢島恭介・山辺知行編『増上寺　徳川将軍墓とその遺品・遺体』東京大学出版会　昭和四十二年
明治維新百年記念叢書『明治以降　神社関係法令史料』神社本庁　昭和四十三年
『明治維新神佛分離史料（第二巻）』名著出版　昭和四十五年
大河直躬『東照宮』鹿島研究所出版会　昭和四十五年
村上博了『増上寺史』大本山増上寺　昭和四十九年
久能山東照宮社務所編『久能山叢書』第一編～第五編　昭和四十五～五十六年
日光東照宮社務所編『東照宮史』昭和四十七年
圭室文雄「崇伝と天海」（和歌森太郎編『日本宗教史の謎』所収）佼成出版社　昭和五十一年
宮田登「東照大権現」（和歌森太郎編『日本宗教史の謎』所収）佼成出版社　昭和五十一年
岡田荘司「近世神道の序幕―吉田家の葬礼を通路として」（『神道宗教（通号 一〇九）』所収）神道宗教学会　昭和五十七年
『日光東照宮三百五十年祭誌』日光東照宮　昭和五十六年
浦井正明『もうひとつの徳川物語』誠文堂新光社　昭和五十八年
鈴木尚『骨は語る　徳川将軍・大名家の人びと』東京出版会　昭和六十年
高藤晴俊『東照宮再発見』栃木新聞社　平成二年
秋永政孝「多武峰妙楽寺の展開」（平岡定海編『権現信仰』所収）雄山閣出版　平成三年

村上直「東照大権現の成立と展開」（平岡定海編『権現信仰』所収）雄山閣出版　平成三年
高藤晴俊「日光東照宮の信仰について」（平岡定海編『権現信仰』所収）雄山閣出版　平成三年
高藤晴俊『家康公と全国の東照宮』東京美術　平成四年
寛永寺『寛永寺』平成五年
高藤晴俊『日光東照宮の謎』講談社　平成八年
静岡市教育委員会『大御所徳川家康の城と町』平成十一年
大法輪閣編集部『葬儀・法事がわかる本』平成十四年
浦井正明『「上野」時空遊行』プレジデント社　平成十四年
落合偉洲『神道の周辺』おうふう　平成十六年
浦井正明『上野寛永寺　将軍家の葬儀』吉川弘文館　平成十九年
井沢元彦『仏教・神道・儒教　集中講座』徳間書店　平成十九年
曽根原理『神君家康の誕生』吉川弘文館　平成二十年
中野光浩『諸国東照宮の史的研究』名著刊行会　平成二十年
渋谷伸博『六大宗派でこんなに違うお葬式のしきたり』洋泉社　平成二十年
佐々木悦子監修『お墓・仏壇の選び方・祀り方』精文社　平成二十二年
松島仁『徳川将軍権力と狩野派絵画』ブリュッケ　平成二十三年
主婦の友社編『最新カラー版　お墓と仏壇　選び方・建て方・祀り方』主婦の友社　平成二十三年
渡邉妙子『名刀と日本人』東京堂出版　平成二十四年

野村玄「東照大権現号の創出と徳川秀忠」（日本歴史学会編集『日本歴史』六月号所収）平成二十四年
井上智勝『吉田神道の4百年』講談社　平成二十五年
小原崇裕『安心できる永代供養墓の選び方』草思社　平成二十六年
中井均「豊国廟と東照宮の成立」（大名墓研究編『近世大名墓の成立』所収）雄山閣　平成二十六年
須田慎太郎『日光東照宮四〇〇年式年大祭記念　日光東照宮』集英社　平成二十七年
田邉博彬『徳川家康と日光東照宮』随想舎　平成二十八年
静岡市『久能山誌』平成二十八年
笠谷和比古編『徳川家康―その政治と文化・芸能』宮帯出版社　平成二十八年
野村玄『徳川家康の神格化』平凡社　令和元年
興津諦『余ハ此處ニ居ル』静岡新聞社　令和元年

三　定期刊行物

対談「日光東照宮史余話」（増刊歴史と人物『日光東照宮』所収）中央公論社　昭和五十六年
桑田忠親「徳川家康と日光東照宮」（増刊歴史と人物『日光東照宮』所収）中央公論社　昭和五十六年
浦井正明「大御所家康の死と日光改葬の謎」（別冊歴史読本『徳川葵三代』所収）新人物往来社　平成十一年
別冊宝島『家康の謎』宝島社　平成二十七年
別冊宝島『徳川家と日光東照宮』（日光東照宮監修）宝島社　平成二十七年

別冊太陽『徳川家康　没後四百年』（小和田哲男監修）平凡社　平成二十七年

四　図録

徳川美術館・徳川博物館『家康の遺産―駿府御分物』平成四年
日光東照宮社務所『日光東照宮の寶物』平成五年
久能山東照宮博物館『久能山東照宮博物館一〇〇選』平成七年
大本山増上寺　共同通信社編集『増上寺天井絵展』平成十一年
「大徳川展」主催事務局『大徳川展』平成十九年
静岡市『図録・博物館　徳川家康と駿府大御所時代』平成二十年
港区立港郷土資料館『増上寺徳川家霊廟』平成二十一年
静岡市美術館『家康と慶喜』平成二十二年
静岡市美術館『国宝久能山東照宮展』平成二十六年
日光東照宮編『日光東照宮の宝物』日光東照宮社務所　平成二十七年
川越市立博物館『徳川家康と天海大僧正』平成二十九年
『久能山東照宮所蔵の西洋時計　国宝への祈り』久能山東照宮　平成二十九年

五　辞典

『ブリタニカ国際大百科事典』ＴＢＳ・ブリタニカ　昭和四十九年

『仏教民俗辞典』新人物往来社　昭和六十一年
『日本大百科全書』小学館　昭和六十一年
『密教大辞典』法蔵館　平成元年
『日本古代氏族人名辞典』吉川弘文館　平成二年
『国語辞典　第四版』三省堂　平成五年
『見る読む　静岡歴史年表』羽衣出版　平成八年
藤井正雄編『仏教儀礼辞典』東京堂出版　平成十三年
『岩波仏教辞典第二版』岩波書店　平成十四年
『世界大百科事典』平凡社　平成十九年

六　新聞記事

「石は語る　家康廟　遺体の行方めぐる謎」静岡新聞社　平成十四年
「世界遺産　聖地日光　家康公四〇〇年祭に向けて」下野新聞社　平成二十六年
「家康公顕彰四〇〇年　遺言解釈『永遠の謎』」静岡新聞社　平成二十七年

七　情報紙

一般社団法人全国寺社観光協会『寺社ＮＯＷ　ｖｏｌ（18）』平成三十年

八　冊子

『東叡山　寛永寺』東叡山寛永寺教化部　発行年なし
『日光東照宮』日光東照宮　平成三年
アドマック出版『季刊すんぷ第一号』平成二十六年
アドマック出版『すんぷ特別版』平成二十七年
『平成28年　春の特別展　徳川家康』国立公文書館　平成二十八年

九　電子文書

興津諦「久能山こそ駿府城の本丸なり」徳川家康の墓・駿府ネット（http://sumpu.net）
平成二十七年四月十九日アクセス
『元寛日記』（http://base1.nijl.ac.jp）令和元年十月二十一日アクセス

十　その他

栞　増上寺御霊屋

桜井 明（さくらい　あきら）

昭和27年11月静岡市生まれ。

福島大学経済学部卒。静岡銀行に勤務ののち静銀リース株式会社に出向、定年後一般社団法人静岡県法人会連合会に勤務。

現在、静岡市文化財協会会員、静岡市文化財サポーター、静岡県歴史研究会会員
平成30年5月に冊子『家康公と久能山東照宮神廟の謎』を出版し、6月に久能山東照宮に奉納する。冊子出版後、各種団体から依頼を受け、「家康の埋葬地」をテーマとした研修会で講師を務めている。

趣味：音楽鑑賞、美術鑑賞、城巡り。

4年前より人生初の習い事として囲碁、リコーダーを勉強中。

謎解き!?　徳川家康の墓所

発行日…………令和2年4月17日 初版第1刷

著者・発行者…桜井　明
制作・発売元…株式会社静岡新聞社
〒422－8033 静岡県静岡市駿河区登呂3－1－1
電話　054-284-1666
印刷所…………藤原印刷株式会社

ISBN978-4-7838-8006-6　C0021